VALENTÍA
EN LA BATALLA

YILDA B. RIVERA

VALENTÍA EN LA BATALLA

Publicado en inglés bajo el título: Courage Under Fire
© 2014 por Yilda B. Rivera

Traducción: Yilda B. Rivera

ISBN13 - 978-0-9831009-8-0
ISBN10 - 0-9831009-8-5

One Body Press
www.onebodypress.org
info@onebodypress.org

Tabla de Contenido

TABLA DE CONTENIDO III

DEDICATORIA V

RECONOCIMIENTOS VI

PREFACIO VII

INTRODUCCIÓN IX

EL DIAGNÓSTICO 1

  ¿PREMONICIÓN? 3

  UNA MAMOGRAFÍA RUTINARIA 6

  LA BIOPSIA 10

  EL DÍA AQUEL 12

COMPARTIENDO LAS NOTICIAS 19

  COMPARTIENDO LAS NOTICIAS CON AMIGOS Y FAMILIARES 21

  COMPARTIENDO LA NOTICIA CON NIÑOS 27

LAS PREGUNTAS 31

  LA ENCRUCIJADA 33

  CUANDO DIOS HABLA 43

EL TRATAMIENTO 49

  AL BORDE DE UN MILAGRO 51

  LAS CIRUGÍAS 57

  CARPE DIEM 64

  LA QUIMIO COMIENZA 67

  MANEJANDO LA FRUSTRACIÓN 74

  MANEJANDO LA PÉRDIDA DEL PELO 78

  UNA FUENTE DE INSPIRACIÓN 89

  MANEJANDO LA NEUTROPENIA 99

  MANEJANDO EL AGOTAMIENTO 108

  MANEJANDO LA INCERTIDUMBRE 113

  MANEJANDO LA ANSIEDAD 122

  MANEJANDO LA APARIENCIA 127

  MANEJANDO LA RADIACIÓN 133

  UN DÍA MÁS PARA ESTAR AGRADECIDO 138

  MANEJANDO LAS SOBRAS 140

CONSECUENCIAS Y REPERCUSIONES **147**

MANEJANDO LAS CONSECUENCIAS   149

UNA NUEVA CANCIÓN   161

EL TESTIMONIO **163**

ESPERANZA Y ALEGRÍA EN LA OSCURIDAD   165

UNA NUEVA POSTURA   168

LAS TRES «Q»   173

LAS ORACIONES   176

LA ESPADA   180

NOTAS   192

Dedicatoria

Para mi esposo, Ángel. Gracias por tu amor. Es un inmenso gozo amar a Dios junto a ti. Gracias por ser un padre maravilloso para nuestros chicos, un esposo asombroso, mi amor y mi mejor amigo. Gracias por todo tu sacrificio, paciencia y apoyo durante este recorrido. Te amo.

Para mis hijos, Alejandro y Ángel Gabriel. Ustedes me han inspirado y continúan inspirándome. Ustedes son dos bendiciones maravillosas en mi vida. Les amo. Recuerden siempre lo especial que son y que nada en la creación podrá jamás separarlos del amor de Dios. Que la grandeza de Dios que lo llena todo en gran manera, les dé espíritu de sabiduría y de revelación en el conocimiento de él, y que alumbre los ojos de su entendimiento para conozcan la esperanza a que él les ha llamado. Nunca olviden el niño en ustedes.

Para mis padres, Santiago y Doris. Gracias por todos los sacrificios que ustedes han hecho por mí; por aquellos que conozco y por los que ni siquiera estoy al tanto. No sería la persona que soy hoy si no hubiera sido por la semilla de fe que ustedes sembraron en mí. Gracias por todo su apoyo a través de los años. Siempre les estaré agradecida. Les amo.

Reconocimientos

Gracias Dios porque nunca me soltaste.

Gracias Todd por ayudarme a poner mi historia disponible para el mundo. Gracias por creer en mí, a veces más que yo misma. Es un gozo llamarte amigo y mi hermano en Cristo.

Blanca, gracias por el recuerdo maravilloso de alegría plena que me regalaste, aquel momento en que vi ese taxi aproximándose a la casa sabiendo que estabas allí. Todavía lo tengo vivo en mi mente. Gracias por el sacrificio que hiciste al separarte de tus pequeños para estar conmigo unos días. Gracias a ellos y a Juan Carlos, por haberme prestado a «mamá».

Gracias Madelyn por tu visita, me inspiró mucho. Gracias por la hermosa oración que elevaste por cada uno de nosotros aquel día. Ciertamente tocó nuestros corazones.

Finalmente, muchas gracias a los amigos y familiares quienes estuvieron constantemente dándome ánimo e inspiración para seguir batallando. Era un gran sentimiento de gozo el encontrar sus notas de apoyo y sus cartas durante el camino.

Prefacio

Espero que cualquier persona que enfrente algún tipo de lucha o interrogantes acerca de la vida, pueda encontrar aliento e inspiración a través del libro. Comencé a escribir este libro basado en mi travesía a través del cáncer, mientras todavía era un paciente de cáncer. Pero luego me di cuenta de que este libro va más allá de mi lucha contra el cáncer. Era también una batalla contra la incertidumbre, el miedo, la duda y contra las mentiras que trataban de anular la esperanza. Este libro no es simplemente acerca del cáncer... habla también de lucha, esperanza, valor y fe al enfrentarnos a nuestros «gigantes».

> *¡Sé fuerte y valiente! No tengas miedo ni te desanimes,*
> *porque el Señor tu Dios está contigo dondequiera que vayas.*
> *(Josué 1:9, NTV)*

Gracias a este verso de la Biblia pude enfrentar a mis gigantes con valentía. No porque fuera valiente por mi propia cuenta, sino porque la promesa de la presencia de Dios en mi camino, incluso en el valle de sombras, me permitía responder al llamado de esforzarme y ser valiente.

Comparto contigo lo que fue mi cuerda salvavidas durante mi batalla con el cáncer y mi batalla de la fe. Comparto de igual modo las muchas sonrisas y carcajadas a través del camino. Sí, me reusé a dejar que el cáncer me quitara eso... la capacidad de reír.

Este libro también está dirigido a esas personas guerreras que están luchando o han luchado con el cáncer, a aquellas que conocen a un guerrero o guerrera, y a aquellas que quieren estar al tanto de los guerreros que caminan entre nosotros, y desean entender un poco de cómo es la batalla.

Para quien está batallando con el cáncer, es un honor escribir para ti. Espero que a través de la lectura de este libro puedas encontrar una fuente de valor y de fortaleza en tu camino. Espero que las muchas experiencias que comparto sobre mi recorrido, te den esperanza y el entendimiento de que no estás solo(a). Espero que entiendas que es perfectamente natural experimentar sentimientos encontrados. Igualmente, espero que puedas encontrar el valor necesario en tu camino para dar un paso a la vez, un respiro a la vez.

Para los que conocen a alguien que está batallando con el cáncer, espero que este libro les de algún entendimiento sobre la lucha que ese guerrero que conocen puede estar viviendo; y por lo tanto, les provea alguna comprensión y las herramientas para apoyarle y caminar junto a ese guerrero.

Para quienes conocen a un sobreviviente de cáncer, o son sobrevivientes, espero que encuentren en este libro inspiración y el conocimiento para compartir con otros lo que el cáncer no puede tomar de nosotros... la esperanza; la esperanza y la determinación para apreciar y valorar cada momento que se nos ha dado. ¡Sigan sosteniendo la buena batalla!

Introducción

Muchos piensan que la lucha contra el cáncer comienza desde el momento en que uno inicia el tratamiento contra el cáncer y concluye en el momento que uno termina con el tratamiento. La verdad es que la batalla comienza en el momento en que uno sabe que ha sido diagnosticado con cáncer y se extiende aún más allá, al ir manejando las «sobras» y consecuencias que el tratamiento causó y al enfrentar la vida misma con valor. No es solo una batalla de superar la dureza —en mi caso, del tratamiento contra cáncer de seno— sino también una batalla de fe. Cualquiera que sea la lucha que estés enfrentando, la fe es lo que te llevará a superar los obstáculos.

No solamente uno va a estar luchando con todos los efectos secundarios asociados al tratamiento, sin importar el que sea (quimioterapia, la cirugía, la radiación, los medicamentos, una combinación de estos); sino que igualmente uno estará batallando contra el miedo, la duda, el aislamiento, el enojo, la culpa, la confusión, la angustia y tal vez hasta contra la depresión y el desaliento. Tu equipo de atención médica podría ayudarte a recuperarte físicamente y a aguantar los efectos fisiológicos del tratamiento, y tal vez hasta ayudarte a manejar el impacto emocional asociado. Sin embargo, eres tú quien tiene que tener la determinación de pelear la batalla de la fe. Descubrirás que a pesar de la incertidumbre y el caos, aún hay decisiones que podemos tomar.

La fe es lo que te va a mantener a flote sin importar cuáles sean tus circunstancias. Tus seres queridos tendrán preguntas también y tendrán su propia batalla con el miedo, la duda, la ira, la culpa y hasta la depresión. Es por eso que la fe es lo que te ayudará a sobrellevar el camino; ya sea que seas tú el que padezca de cáncer, o seas el amigo o familiar de una persona con cáncer. La fe te traerá armonía.

En cuanto a mí, en mi batalla contra el cáncer de seno, la fe era mi escudo, y la Palabra de Dios era mi espada. La oración era mi alimento, mi cuerda salvavidas.

Y me ha dicho: Bástate mi gracia, porque mi poder se perfecciona en la debilidad».

Por tanto, de buena gana me gloriaré más bien en mis debilidades, para que repose sobre mí el poder de Cristo.

(2 Corintios 12:9, RVR1960)

Estas palabras fueron la clave para encontrar fortaleza, esperanza e inspiración en mi batalla contra el cáncer. «No se trata de lo que yo conozco, o lo que veo, sino a quién conozco» —me repetía constantemente a mí misma—.

No temas, porque yo estoy contigo; no desmayes, porque yo
soy tu Dios que te esfuerzo; siempre te ayudaré, siempre te
sustentaré con la diestra de mi justicia.
(Isaías 41:10, RVR1960)

El guerrero contra el cáncer se enfrenta a muchas preguntas y decisiones para las cuales no hay respuestas definitivas. El tratamiento del cáncer de seno es una obra en progreso. Ha habido muchos avances, pero todavía hay muchas interrogantes. No hay garantías.

Durante mi batalla con la incertidumbre, yo me aferraba a Dios. La fe me ayudó a ver más allá de mis circunstancias. En algún momento tuve que dejar de aferrarme a mis hijos y a mi esposo para liberarme del miedo a la pérdida y de la frustración de no tener control de la situación. Así que elegí verlos mejor como bendiciones dadas por Dios. El meditar en esas bendiciones me ayudó a sonreír, al recordar muchos momentos de nuestra vida juntos que yo había escrito en una libreta hacía varios años. A través de eso, descubrí un valor dentro de mí, un poder más allá de mi comprensión que me mantuvo en marcha, un fuego que me dio la fuerza de batallar con el dolor, el miedo, la duda, el aislamiento, la ira, la culpa, la confusión, la angustia y la desesperanza. Los viejos relatos y memorias que había escrito en mi libreta —recuerdos que me llenaban de alegría y me alimentaban durante mi batalla contra el cáncer—, los presento en este libro en bloques separados llamados: «Recordando». Los pensamientos, notas y oraciones que escribía durante mi viaje a través del cáncer, los presento como «Desde mi diario».

En el último capítulo he agrupado algunos de los muchos versículos bíblicos que me hablaron en diferentes situaciones. También incluyo las diferentes versiones de la Biblia en paréntesis al final de cada verso, y las referencias que añaden información de ciertos términos están al final del libro.

Cuando pienso acerca de mi camino a través del cáncer, me doy cuenta de que cada día yo estaba al borde de un milagro. Dios estaba transformando todos mis temores y el caos dentro y alrededor de mí con su paz. Él estaba transformando mi oscuridad en luz. Él estaba llenando mi soledad con su presencia. Mi dolor y aflicción, Él los transformaba en alegría. En mi desnudez y vulnerabilidad, Él me vestía con su amor. Yo estaba viendo su mano sobre mí. Él me hacía capaz de caminar a través de las aguas. Yo estaba experimentando la intervención directa del poder de Dios en mi vida. Para mí eso era un milagro —un milagro que ocurría día tras día, tras día—.

EL DIAGNÓSTICO

¿Premonición?

Yo publiqué el pasaje a continuación en el blog de la página web «onebodyministries.org» antes de ser diagnosticada con cáncer de seno. Le dejaré a usted leer lo que escribí para que juzgue por sí mismo si eso fue una premonición de lo que estaba por suceder el mes siguiente. Para mí, Dios estaba preparando mi corazón para el camino del que todavía yo no estaba consciente. Él me estaba guardando, y revelándome la seguridad y la luz de su presencia aún antes de que yo estuviera al tanto de lo que estaba pasando dentro de mí.

***

20 de enero de 2011:

YO ESTARÉ CONTIGO

Mi Señor, si alguna vez dudo o me cuestiono yo misma si puedo hacer lo que tú quieres que yo haga, que pueda yo siempre recordar tu palabra de confianza:

Entonces Moisés respondió a Dios: ¿Quién soy yo para que vaya a Faraón, y saque de Egipto a los hijos de Israel? Y él respondió:
Ve, porque yo estaré contigo;...
(Éxodo 3:11-12, RVR1960)

En la versión «La Biblia de las Américas», la palabra «ciertamente» acompaña la respuesta de Dios a Moisés: *«Ciertamente yo estaré contigo»*. De esta manera la promesa del Señor de acompañarte a lo largo del camino, para estar contigo y en ti, es tu certeza de las palabras expresadas en el salmo 121:

¹Alzaré mis ojos a los montes;
¿De dónde vendrá mi socorro?
² Mi socorro viene de Jehová,
que hizo los cielos y la tierra.
³ No dará tu pie al resbaladero,
ni se dormirá el que te guarda.
⁴ He aquí, no se adormecerá ni dormirá
el que guarda a Israel.
⁵ Jehová es tu guardador;
Jehová es tu sombra a tu mano derecha.
⁶ El sol no te fatigará de día,

ni la luna de noche.
[7] Jehová te guardará de todo mal;
él guardará tu alma.
[8] Jehová guardará tu salida y tu entrada
desde ahora y para siempre.

Es asombroso cómo su Palabra nos habla. ¡Cómo nos guía en cada paso a través del Espíritu Santo! ¿Cuál es nuestro llamado entonces? Nuestro llamado es a buscarle, a conocerle más, a confiar en Él. Se trata de una cuestión de voluntad... una cuestión de voluntariamente elegir amarlo y de dejar que sea Él quien nos guíe a través de los muchos misterios y desafíos que pudiésemos enfrentar. Cuando confiamos en el que se entregó a sí mismo por nosotros, en cada aspecto de nuestras vidas, comenzamos a vivir una vida con propósito. Las cosas empiezan a encajar, sabemos nuestro objetivo a pesar de que no veamos el final del camino. Entonces el misterio que se describe en Efesios 1:3-10 y que también se menciona en Colosenses 1:26-27 empieza a ser revelado a nuestras vidas en cada paso del camino. Se trata de despojarse uno mismo de las cosas que nos atan o nos enredan, para ser llenos en sobremanera de la gracia de Dios y de «*la plenitud de Aquel que todo lo llena en todo*» (Efesios 1:23).

Por lo tanto, si se trata de una cuestión de falta de confianza, no te desanimes... simplemente, con honestidad, ora en su voluntad y prepárate para recibir la gracia de Dios —te invito a leer el resto del pasaje de abajo para ver lo que pasó después del verso 24—:

Jesús le dijo: Si puedes creer, al que cree todo le es posible.
E inmediatamente el padre del muchacho clamó y dijo:
Creo; ayuda mi incredulidad.
(Marcos 9:23-24, RVR1960)

¿Es acaso falta de valor o fuerza? Él proveerá. Deja que el Señor te guíe:

Lámpara es a mis pies tu palabra y lumbrera a mi camino.
(Salmos 119:105, RVR1960)

Entrégale tu amor y confianza a Aquel que te ama entrañablemente. Búscale y procura crecer en su conocimiento y en la oración. Y que «*la plenitud de Aquel que todo lo llena en todo*», según Efesios 1, «*les dé el Espíritu de sabiduría y de revelación en el conocimiento de él»* y que «*él alumbre los ojos de vuestro entendimiento, para que sepáis cuál es la esperanza a que él os ha llamado»*. En el nombre de Jesús, amén.

***

Cada vez que leo esto, sé que el Señor me estaba preparando para el camino por delante. Él me estaba recordando las herramientas que iba a necesitar —voluntad, disposición y fe—. La parte sobre «voluntariamente elegir amarlo y de dejar que Él nos guíe», fue verdad todos los días durante mi experiencia con el cáncer y sigue siendo cierta hasta el día de hoy. Había tantas cosas sucediendo en mi interior y en el exterior —muchas de estas más allá de mi control—. Sin embardo, una cosa yo sí podía controlar, orar y comprometerme cada día a confiar en Dios para que me guiara. Él me ayudó en todo el recorrido y estuvo conmigo en cada paso, incluso a veces llevándome en sus propios brazos.

Una mamografía rutinaria

En mis treinta y nueve años de edad probablemente yo estaba en mejor estado de salud que cuando yo estaba en mis veinti-tantos —al menos eso creía yo—. Estaba jugando al fútbol. Podía soportar una hora de juego continua sin sustitución. Estaba tomando clases de tenis y me encantaba la intensidad, el ritmo y la dinámica del juego. También estaba practicando artes marciales con mis hijos. Me sentía más fuerte que nunca. Me estaba alimentando bastante bien, saludable y tenía mis metas personales para aumentar un poco más mi consumo de frutas, verduras y líquidos. Estaba lista para hacerle frente a los cuarenta años con suficiente fuerza. Igualmente, me estaba preparando con optimismo para los años de transformación por venir.

Cuando cumplí los cuarenta, programé los exámenes médicos de rutina, agregando la mamografía a la lista. Mi presión arterial era excelente, mi peso era bueno; no había nada que valiera la pena preocuparse. Todo salió bien, con la excepción de una cosa que ameritó una llamada telefónica de mi ginecólogo un día. Había algo de preocupación en el resultado de la mamografía que recomendaba una segunda lectura.

La oficina del doctor me programó la cita para que me para asegurarse de que el radiólogo estuviera allí y leyera los resultados ese mismo día. El ginecólogo me explicó que aunque la mamografía no mostró calcificaciones[1], lo que pudiera ser un tema de preocupación, era normal solicitar otra lectura si había algo que el radiólogo quería revisar más de cerca.

Pensé que el motivo de la segunda lectura era que yo tenía senos fibroquísticos[2]. Cuando estaba en la universidad había tenido un ultrasonido (ecografía) que confirmó cambios normales y nódulos en mis senos a causa de esa condición.

Llegó el día para realizarme la segunda mamografía. Me dijeron que el radiólogo quería repetir la prueba en ambos senos. Recordando lo incómodo que es una mamografía, suspiré, me puse la bata y me preparé mentalmente. Una vez que se completó la segunda mamografía, la asistente médico me dijo que esperara y que no me cambiara de ropa hasta que el radiólogo leyera los resultados. Querían que esperara, así que esperé.

Luego de un corto tiempo otra mujer que no había conocido se me acercó en la sala de espera de pacientes.

—¿Es usted la Sra. Rivera? —preguntó la dama.

—Sí.

—Sra. Rivera, la doctora está recomendando realizar un ultrasonido en el seno izquierdo.

—¡Oh! Está bien… ¿Cuándo debo programar…?

—¡Oh, no es necesario! La doctora le gustaría realizarlo ahora mismo… —dijo la dama—, ella prefiere estar aquí para leer los resultados inmediatamente debido a que hay un área en el seno izquierdo que ella quiere revisar. ¿Está bien eso con usted?

—Sí. Está bien. Perfecto. Ya… ya estoy aquí. ¿Por qué no… ? Gracias —dije tartamudeando.

—Por favor, venga conmigo para mostrarle el cuarto de ultrasonido.

La urgencia del médico radiólogo estaba creando cierta ansiedad dentro de mí. Me quedé allí en la sala de ultrasonido. Estaba mirando a través de las cortinas de la ventana, mirando el techo —creo que estaba tratando de evitar pensar en la situación—. Tomé mi teléfono y me puse a buscar alguna música para escuchar y así evitar escuchar mis pensamientos. Entonces me quedé tranquila esperando por el proceso.

Mi celular sonó. Vi la pantalla y era mi esposo. Seguramente él quería saber cómo había salido todo. Yo no quería contestar la llamada. No quería preocuparlo. Después de todo, yo no sabría qué decirle. Finalmente me decidí a responder.

—Todavía estoy aquí en la clínica… Te llamo luego —le dije susurrando.

—¡Oh! Yo solamente quería saber de ti —Ángel respondió.

Entonces escuché dos toques suaves en la puerta. La puerta se abrió y la técnico de ultrasonido entró al cuarto.

—Tengo que colgar. Te llamaré luego. Te amo —le dije suavemente a Ángel.

—Está bien. Yo también te amo. Hasta luego.

Ella me empezó a explicar lo que iba a hacer con el ultrasonido y la razón por la que el médico quería hacerlo de inmediato. Me dijo que el radiólogo había visto algo de preocupación que quería ver mejor con un ultrasonido. Me pidió que esperara allí en la sala de ultrasonido una vez finalizado el procedimiento en caso de que el radiólogo quisiera hablar algo conmigo. En mi mente, yo estaba agradecida por la preocupación que el médico estaba mostrando por mí, pero al mismo tiempo, no podía dejar de sentir que algo estaba pasando... algo no que no era bueno.

Mi corazón latía rápidamente. Repetía en mi mente el salmo 42:5, «¿Por qué te abates, alma mía? ¿Por qué te turbas dentro de mí? Espera en Dios, porque aún he de alabarle, salvación mía y Dios mío». Así que empecé a alabar a Dios en mi corazón y a reconocer que Él era más grande que cualquier situación en la que me encontraba.

Yo estaba observando a la muchacha realizar el procedimiento cuando de repente ella empezó a concentrarse en un área en particular y a tomar medidas con el escáner de mano. Ella movía el instrumento una y otra vez alrededor de mi pecho izquierdo y se detenía de nuevo en la misma área mientras observaba la pantalla. Hizo algunas notas, pero yo no podía ver lo que estaba escribiendo. Ella intentó mostrarme lo que estaba viendo y la razón, pero el mirar la pantalla pero no hizo ninguna diferencia, yo solo veía sombras. Yo le mencioné acerca de mis senos fibroquísticos y ella dijo algo acerca de la comparación de los cambios y nódulos normales en el seno con el tejido alrededor. Luego me dijo que esperara y que me quedara en el cuarto mientras el radiólogo verificaba los resultados. No recuerdo cuánto tiempo esperé después de eso, pero no transcurrió mucho antes de escuchar un toque en la puerta y luego una mujer entró al cuarto.

Ella me saludó y se presentó como el doctor de radiología y me dio las gracias por ser paciente. Le di las gracias a ella por su atención y preocupación. Ella me dijo que quería echar un vistazo más de cerca a un área en particular. Me aplicó un poco más de gel de ultrasonido en mi ya «estropeado» seno y comenzó su examen. Ella me explicaba el por qué estaba preocupada por un área sospechosa. Me dijo que a pesar de que no observaba calcificaciones —me acordé de que mi ginecólogo usó esa misma palabra—, se podría recomendar una biopsia si se encontraba un tejido sospechoso. Abruptamente ella detuvo el escáner. Encontró el área que buscaba. Se quedó en silencio mientras movía el escáner muy lentamente y lo apretaba con firmeza contra mi pecho. Me pidió que me inclinara más hacia mi costado. En un silencio total ella se concentraba en el monitor. De repente la escuché emitir un sonido que me llevó a pensar que encontró lo que estaba buscando. Ella presionó el escáner con más firmeza y apenas lo movía. Yo esperaba. Entonces, creo que la escuché murmurar la palabra «calcificaciones», que supuse pretendía para sí misma. En ese instante, mi corazón dio un salto y siguió retumbando en mi interior. La doctora dejó lo que estaba haciendo y mientras me secaba toda la gel de mi pecho, ella amable y firmemente me dijo que definitivamente iba a recomendar una biopsia en el seno izquierdo.

Había demasiadas cosas en mi mente que se me hacía difícil procesar toda la información. Recordando que le había dicho a Ángel que lo iba a llamar, caminé lentamente fuera de la clínica, me senté en un banco y lo llamé. Para evitar que él se preocupara, le dije que el radiólogo iba a seguir mirando los resultados más de cerca y que tal vez iba a recomendar una biopsia. Para que estuviera tranquilo le conté sobre el nódulo benigno que una vez tuve en la universidad y sobre mi condición de senos fibroquísticos[2]. Rápidamente cambié de tema y hablamos de otras cosas.

Mi ginecólogo llamó esa misma tarde. Yo ya estaba de vuelta en mi oficina. Me preguntó qué fue lo que el radiólogo me había dicho, y al contarle, me respondió que eso era exactamente lo que él estaba recomendando, una biopsia. Él me describió el procedimiento de la biopsia, me preguntó qué era yo quería hacer y si tenía alguna pregunta. Sin vacilar le respondí que me iba a someter al procedimiento.

Asombrosamente, no sentía ningún miedo. Me sentía sobrecogida por un sentido de dirección particular para poner todas estas preocupaciones fuera del camino. Me recliné en mi silla y saqué una copia del Nuevo Testamento que siempre mantenía en mi escritorio que también contiene los libros de Proverbios y Salmos. Me dije a mí misma, «Señor yo sé que estás aquí conmigo».

Suspiré. Abrí el Nuevo Testamento de bolsillo y leí el salmo 119:105: «*Lámpara es a mis pies tu palabra y lumbrera a mi camino*». Oré:

—Dios, tú me darás valor; tú me mostrarás la senda.

9

La biopsia

Ángel me acompañó a la biopsia. Llegamos temprano. La enfermera me llevó a una sala para prepararme y ayudarme con el papeleo médico y describirme los detalles del procedimiento.

—La masa, el tejido, el nódulo… —Esas palabras seguían resonando en mi mente—. ¡Rayos! Tengo una masa, un tejido extraño dentro de mí.

Mientras más repetía eso, más me daba cuenta de que tenía un tejido sospechoso dentro de mi cuerpo que era de preocupación para los médicos, algo que no parecía normal y que tenía que ser muestreado. Mientras me estaban preparando para el procedimiento, este versículo del salmo 42:5 vino a mi mente:

> *¿Por qué te abates, alma mía, y te turbas dentro de mí?*
> *Espera en Dios, porque aún he de alabarlo, ¡salvación*
> *mía y Dios mío!*

También en mi corazón estaban los primeros versículos del Salmo 121:

> *Alzaré mis ojos a los montes.*
> *¿De dónde vendrá mi socorro?*
> *Mi socorro viene de Jehová,*
> *que hizo los cielos y la tierra.*

El procedimiento comenzó. La posición que tenía que mantener durante el proceso y el procedimiento en sí mismo era un poco incómodo. Allí estaba la doctora con un instrumento largo para tomar la muestra, el técnico con el escáner de ultrasonido y una enfermera para mantenerme tranquila y cómoda. Todos eran muy considerados. Me estaban explicando todo lo que se estaba haciendo. Me dieron una almohada, un respaldo en la espalda para poder mantener la posición en mi costado, y otro para apoyar las piernas. Ellas se aseguraban de atenderme y no únicamente preocuparse por el procedimiento.

La biopsia se extendió más tiempo de lo esperado. La masa sediciosa no quería cooperar. Era gruesa, era dura y se movía cada vez que la doctora trataba de obtener una muestra al insertar la aguja. La situación era frustrante y agotadora. La enfermera y la doctora hicieron un excelente trabajo para mantenerme tranquila. Finalmente, se pudieron tomar las muestras y poner una marca en la zona de modo que se pudiera identificar fácilmente cuando fuera necesario. Me dijeron que iban a enviar los resultados a mi médico y que en aproximadamente 5 días se comunicarían conmigo.

Trataba de no pensar en la biopsia durante los días siguientes. Yo estaba decidida a poner mi ansiedad a un lado. No quería alarmar a mis padres, así que no hablaba de la biopsia cuando conversábamos por teléfono. Incluso Ángel y yo no conversábamos del asunto.

Me encontraba muchas veces pensando en el hecho de que nos acabábamos de mudar de Puerto Rico a Texas hacía menos de un año. Dejamos atrás muchos familiares y amigos. Me puse muy nostálgica durante esos días después de la biopsia.

Durante esos días, tenía en mi mente una canción que solía escuchar a menudo en Puerto Rico por el grupo Tercer Cielo. La canción se titulaba «Creeré». La lírica declara que si incluso un viento recio golpea tu cara, uno no debe dejar de creer; de que si Dios está a tu lado uno tendrá todo lo necesario para levantarse y tener fuerza. Pensaba además que «*a los que aman a Dios, todas las cosas los ayudan a bien, esto es, a los que conforme a su propósito son llamados*» (Romanos 8:28).

Otros versos de la Biblia que me dieron consuelo durante esos días mientras esperaba los resultados de la biopsia fueron el Salmo 42:8 y 1 Pedro 5:7. Muchas veces yo no sabía qué pedir en oración o ni siquiera sabía traducir mis pensamientos en palabras. Apretaba contra mi pecho muchas veces la Biblia pidiéndole al Señor que me hablara. Necesitaba oír su voz y sentir su presencia. Yo quería ver más allá de mis circunstancias. Ocasionalmente yo estaba orando y me quedaba sin palabras... Me quedaba allí quieta ante su presencia, y no quería irme de allí. No sabía qué pedir o decir. Pero entendía que eso era parte del asunto, que eso no importaba. Su paz ciertamente me abrigaba.

Pero de día mandará Jehová su misericordia
y de noche su cántico estará conmigo,
y mi oración al Dios de mi vida.
(Salmos 42:8, RVR1960)

Echad toda vuestra ansiedad sobre él, porque él tiene
cuidado de vosotros.
(1 Pedro 5:7, RVR1995)

El día aquel

Tres días habían pasado después de la biopsia. Yo estaba en mi oficina esa tarde trabajando en la computadora, manteniendo mi mente ocupada. Mi teléfono celular sonó; me llamaban de la oficina de mi médico. Mi corazón dio un enorme salto y mis manos temblaban.

—¿Hola?

—¿Estoy hablando con la señora Yilda Rivera? —Era la voz de mi ginecólogo; su voz era amigable.

—¡Hola Dr. Calderón! —dije tratando de disimular el nerviosismo en mi voz.

—Yilda... Doña Yilda necesito verte —dijo con suavidad y cariño.

Mi corazón comenzó a latir más de prisa y luego de un largo suspiro ya no pude ocultar mi preocupación y contesté:

—¿Sí doctor?

—Yilda, Yilda... —Podía escuchar que él respiraba hondo. Su voz era profunda y grave—. ¿Crees que sería posible para mí verte hoy? —me preguntó.

—¡Oh, está bien! Por supuesto. Hum...

—Sé que no tenemos una cita programada, así que si puedes venir hoy solamente dile tu nombre a la recepcionista y le dices que yo te llamé.

Mi corazón seguía golpeando fuertemente mi pecho y cada latido ensordecía mis pensamientos. Con un profundo respiro, continué:

—Hum... Está bien doctor. Allí estaré —dije con firmeza—. ¿Me podría dar un adelanto? —le pregunté sabiendo que no se iba a sentir bien lo que estaba a punto de escuchar, pero los dos sabíamos de lo que estábamos hablando.

—Los resultados de la biopsia llegaron —dijo tratando de prepararme con cada palabra—. No me gustan... La patología dio positivo.

Esas palabras atravesaron mi estómago como una flecha.

—¡Oh no! —Tragué hondo mientras el corazón se me doblaba en dos y contesté suavemente luego de tomar una respiración profunda—. Voy a estar allí. Le… le veo en un rato.

Colgué el teléfono. El tiempo pareció detenerse. De repente me sentí como dentro de una burbuja, suspendida en el tiempo. Sentía mi pulso golpeando dentro de mi cabeza, retumbando en mis oídos. Sentía mis pies y mis manos congelados. Sentí un largo escalofrío viniendo desde mis entrañas.

Un enorme agujero negro se originaba en el centro de mi estómago y me tragaba. Gracias a Dios que estaba sentada, porque había perdido toda la sensibilidad en las piernas. Después de unos momentos, las estiré y las moví lentamente para asegurarme de que estaban funcionando.

La masa sediciosa finalmente tomó un nombre, cáncer... cáncer de seno. ¡Guau! Me quedé sentada en la silla con los codos sobre el escritorio y las manos en la cara. Me quedé quieta allí, meciéndome a veces hacia adelante y hacia atrás con movimientos cortos. Tomé varias respiraciones largas y profundas —cada una de ellas tan difíciles de tomar—. Me sequé unas lágrimas que se asomaban y miré a mi alrededor. Estaba sintiendo cada latido de mi corazón. Eso era lo único que podía escuchar en aquel momento. Yo intentaba fuertemente de mantener la compostura.

Escuché una conversación en el pasillo. Traté de estimar cuántas personas se encontraban alrededor de la oficina. Tenía que levantarme y lograr pasar a través del corredor de mi área de trabajo, luego llegar al pasillo principal y luego seguir caminando hacia el baño más cercano para buscar un poco de espacio lejos de todo. Tomé otra respiración profunda y me levanté.

> *¿Por qué te abates, alma mía, y te turbas dentro de mí?*
> *Espera en Dios, porque aún he de alabarlo,*
> *¡salvación mía y Dios mío!*
> *(Salmos 42:5, RVR1995)*

Mientras caminaba, oré: «Oh Dios, yo sé que estás aquí conmigo. Tú sabes cómo me siento en estos momentos. Tú tienes un propósito en todo esto. No puedo verlo. No lo puedo entender. Pero sé que tú estás aquí. Muéstrame el camino. Señor, que seas tú mi fuerza».

Comenzaba a caminar lentamente a través de la oficina, esperando que nadie me detuviera o me hablara. No sabía si yo iba a ser capaz de ocultar mi semblante.

Logré con éxito llegar al baño sin que nadie me detuviera o me hablara. Puse un poco de agua fresca en mi cara. En mi mente, podía imaginar a Abraham cuando se dirigía al tope de un monte para sacrificar a su propio hijo... sin saber el por qué o sin entender la difícil tarea a enfrentar. Cada paso que Abraham daba al subir aquel monte debió haber sido insoportable. Pero él encontró la fuerza para seguir caminando hacia adelante con la certeza de que Dios iba a proveer.

El día aquel

Y llamó Abraham a aquel lugar «Jehová proveerá».
Por tanto se dice hoy: «En el monte de Jehová será
provisto».
(Génesis 22:14, RVR1995)

Entonces elevé una oración a mi Señor desde lo profundo de mi alma:

—Oh Dios. Voy a caminar este camino. Aunque me siento turbada y afligida —no te lo puedo ocultar— yo sé que tú estás aquí y que estarás conmigo. Tu ojo está sobre mí. Yo iré y te alabaré. Por favor, abrázame, sostenme y ayúdame a caminar cada paso. Que tu nombre sea glorificado en mí. Que tu gloria brille en mí.

Regresar a mi escritorio se sintió como si estuviera moviéndome en cámara lenta. Tenía que llamar a Ángel para hacerle saber que él iba a tener que recoger a los niños en la escuela porque yo iba a ir a la oficina del doctor después del trabajo. Me estaba preparando para hablar con él. Después de un rato, me armé de valor y lo llamé.

—¡Hola precioso! —susurré.

—Hola cariño. ¿Qué tal? —dijo alegremente.

—¿Podrías recoger a los nenes en la escuela hoy? Llegaré tarde a la casa.

—Sí, no hay problema. ¿Mucho trabajo hoy?

—Voy a ver al doctor... Me llamó... Hum, no es bueno. —Mi voz se cortó.

—¡Oh, no! —Ángel suspiró con desagradable sorpresa. Hizo una pausa y luego añadió—: Mamá, te amo —dijo en voz baja.

—Gracias papá. Yo también te amo.

—Dios está con nosotros —agregó.

—Sí, lo sé. He estado repitiéndome eso a mí misma. Yo sé que Él tiene algo para nosotros en todo esto.

—Dios proveerá. —Él estaba triste, pero firme en lo que decía—. Yo estoy aquí... Tú lo sabes.

—No se lo digas a nadie todavía, por favor. Permíteme digerir esto antes —le dije suavemente entre lágrimas que se me escapaban con sigilo.

—Por favor, conduce con cuidado. —Él estaba preocupado.

—No te preocupes papá. Estoy tranquila. Estoy extrañamente tranquila. Dios me está llenando con la paz que sobrepasa todo entendimiento. —Me detuve por un rato—. Ya hablaremos más tarde... Está bien?

—Sí. Está bien.

Luego de la conversación, me quedé sola con mis pensamientos. Al final del día salí de la oficina y me dirigí al auto. Lo encendí y apagué la radio como tratando de callar mis pensamientos. No podía controlar las lágrimas silenciosas que comenzaron a fluir lentamente. El camino hacia la oficina del médico se convirtió en una conversación con Dios. Estaba poniendo todo mi ser en sus manos, extendiendo mi mano y aferrándome a la suya. Él era una roca firme en medio de la tormenta. Podía visualizar los versos de la Biblia en Mateo 14:22-31 donde Jesús se apareció caminando sobre el agua hacia sus discípulos que estaban en una barca siendo golpeada por fuertes olas y por el viento recio que estaba en su contra:

> [22] *En seguida Jesús hizo a sus discípulos entrar en la barca e ir delante de él a la otra ribera, entre tanto que él despedía a la multitud.* ... [24] *Ya la barca estaba en medio del mar, azotada por las olas, porque el viento era contrario.* [25] *Pero a la cuarta vigilia de la noche, Jesús fue a ellos andando sobre el mar.* [26] *Los discípulos, viéndolo andar sobre el mar, se turbaron, diciendo:* —¡*Un fantasma!*
>
> *Y gritaron de miedo.* [27] *Pero en seguida Jesús les habló, diciendo:* —¡*Tened ánimo! Soy yo, no temáis.*
> [28] *Entonces le respondió Pedro, y dijo:*
> —*Señor, si eres tú, manda que yo vaya a ti sobre las aguas.*
> [29] *Y él dijo:* —*Ven.*
> *Y descendiendo Pedro de la barca, andaba sobre las aguas para ir a Jesús.* [30] *Pero al ver el fuerte viento, tuvo miedo y comenzó a hundirse. Entonces gritó:*
> —¡*Señor, sálvame!*
> [31] *Al momento Jesús, extendiendo la mano, lo sostuvo y le dijo:*
> —¡*Hombre de poca fe! ¿Por qué dudaste?*

Yo sabía que si yo empezaba a tener miedo y a prestar atención a la incertidumbre y al viento áspero alrededor de mí, me hundiría; así que estaba decidida a mantener mi vista firme en mi Señor y mi fe en Aquel que me está llamando.

Por lo tanto, yo estaba segura de que cuanto más la tormenta golpeara y rugiera, más sabía yo que mi Padre estaba conmigo y me abrazaba. Yo tenía esa imagen en mi mente de Pedro caminando sobre el agua en medio del viento recio y el fuerte oleaje, caminando contra viento y marea. Yo sabía que si yo empezaba a tener miedo y a prestar atención a la incertidumbre y al viento áspero alrededor de mí, me hundiría; así que estaba decidida a mantener mi vista firme en mi Señor y mi fe en Aquel que me está llamando.

—Oh Señor. Tú vas a proveer. Gracias porque estás a punto de mostrarme tu gracia. Prepara mi corazón. Cuida de mi familia. Cuida de mis hijos. Ellos son tuyos. Sostenme en este camino.

El blog que publiqué en «onebodyministries.org» el 29 de marzo de 2011, en «el día aquel» sigue a continuación (traducido al español):

***

NO IMPORTA CUÁLES SEAN TUS CIRCUNSTANCIAS

Salmos 42 (RVR1995):

[1] Como el ciervo brama por las corrientes de las aguas,
así clama por ti, Dios, el alma mía.
[2] Mi alma tiene sed de Dios, del Dios vivo.
¿Cuándo vendré y me presentaré delante de Dios?
[3] Fueron mis lágrimas mi pan
de día y de noche,
mientras me dicen todos los días:
«¿Dónde está tu Dios?»
[4] Me acuerdo de estas cosas
y derramo mi alma dentro de mí,
de cómo yo iba con la multitud
y la conducía hasta la casa de Dios,
entre voces de alegría y de alabanza
del pueblo en fiesta.
[5] ¿Por qué te abates, alma mía,
y te turbas dentro de mí?
Espera en Dios,
porque aún he de alabarlo,
¡salvación mía y Dios mío!
[6] Dios mío, mi alma está abatida en mí.
Me acordaré, por tanto, de ti
desde la tierra del Jordán
y de los hermonitas, desde el monte Mizar.
[7] Un abismo llama a otro
a la voz de tus cascadas;

todas tus ondas y tus olas
han pasado sobre mí.
[8] Pero de día mandará Jehová su misericordia
y de noche su cántico estará conmigo,
y mi oración al Dios de mi vida.
[9] Diré a Dios: «Roca mía,
¿por qué te has olvidado de mí?
¿Por qué andaré yo enlutado
por la opresión del enemigo?»
[10] Como quien hiere mis huesos,
mis enemigos me afrentan
diciéndome cada día:
«¿Dónde está tu Dios?»
[11] ¿Por qué te abates, alma mía,
y por qué te turbas dentro de mí?
Espera en Dios, porque aún he de alabarlo,
¡salvación mía y Dios mío!

Lo que este Salmo me dice es que no importa cuáles sean tus circunstancias, por muy perturbada que esté tu alma dentro de ti, o cuánto se sacuda la tierra bajo tus pies... pon tu esperanza en el Señor. Descansa en sus promesas, no te desanimes y espera su momento, por su refrescante lluvia que se derrame sobre ti.

Delante de ti pongo mis peticiones, oh Señor de mi vida.

[7] ¡Oye, Jehová, mi voz con que a ti clamo!
¡Ten misericordia de mí y respóndeme!
[8] Mi corazón ha dicho de ti:
«Buscad mi rostro».
Tu rostro buscaré, Jehová;
[13] Hubiera yo desmayado,
si no creyera que he de ver la bondad de Jehová
en la tierra de los vivientes.
[14] ¡Espera en Jehová!
¡Esfuérzate y aliéntese tu corazón!
¡Sí, espera en Jehová!
(Salmos 27:7-8,13-14, RVR1995)

***

17

COMPARTIENDO LAS NOTICIAS

Compartiendo las noticias con amigos y familiares

Con la excepción de mi esposo y Todd, un amigo del trabajo, no había compartido con nadie más la situación de que había tenido una biopsia y que esperaba por los resultados. Por lo tanto, para todo el resto de mis amigos y familiares la noticia de mi diagnóstico iba a ser una gran sorpresa inesperada y desagradable.

Yo sabía que en algún momento iba a tener que decirle a Todd. Él estaba orando por mí y sabía que mis resultados iban a llegar pronto. Yo sabía también que en algún momento iba a tener que decirles a mis padres, quienes se encontraban a un océano de distancia de mí. No podía pretender que mi esposo mantuviera esta situación como un secreto indefinidamente porque así como yo necesitaba confiar en él para ser fuerte, probablemente él necesitaría compartir esto con su familia igualmente. Esto era una carga tan pesada que yo sabía que no iba a ser saludable ocultarla.

Así que la pregunta predominante era: «¿Cómo voy a decirle a mi familia y amigos acerca de esto?» Ya era bastante difícil escucharme a mí misma decir: «Tengo cáncer de seno». No quería preocupar a nadie. Tal vez yo no tenía que decírselo a nadie hasta después de la cirugía junto con la afirmación: «ya todo está resuelto». ¿Pero sería esto cierto? Había muchísimas preguntas por delante. Todavía había más exámenes médicos para realizar para determinar la etapa del cáncer (estadificación[1]), y muchas decisiones que tomar cuando yo ni siquiera sabía cuáles eran las preguntas correctas para formular. ¡Ni siquiera había yo seleccionado un oncólogo o cirujano!

Comenzando de uno en uno

No podía ocultar esto a mis amigos más cercanos. Amigos que a pesar de que estábamos separados por kilómetros y kilómetros, estaban muy cerca de mi corazón.

Pensé en mi mamá y cómo iba a reaccionar a la noticia. Me inquietaba el pensar que ella se fuera a preocupar demasiado. Yo solo tenía el resultado de la primera biopsia que confirmaba el cáncer de seno —carcinoma ductal invasivo— y todavía no sabía la etapa del mismo o cuán agresivo era. Decidí no llamarla inmediatamente hasta que tuviera más información.

Así que primero decidí llamar a una amiga muy querida desde que era niña, Blanca. Tenía que «ventilar» fuera de mi círculo familiar. Ángel estaba con los niños. Le dije a Ángel que no les dijera nada a los nenes hasta que yo estuviera lista para decirles. Salí afuera de la casa, al patio trasero, y me senté en el piso de la terraza. Sentí la suave brisa y comencé a orar. Mientras oraba, le daba las gracias al Señor por su presencia. Mi oración era como una serena conversación con Dios. Le pedí a Dios que preparara el corazón de mi amiga para lo que iba a decirle. Cuando me sentí en paz, entonces la llamé.

Para mi sorpresa, Blanca estaba sobrepasando una laringitis. Todavía no tengo idea de cómo ella llegó a tener la fuerza suficiente para hablarme con tanta gracia. Hablamos de cómo el Señor mostraría su gloria majestuosa en esta situación. Dios la estaba usando para levantar mi confianza y mi fuerza. Durante la conversación, derramé algunas lágrimas silenciosas y en ocasiones, hasta reímos juntas. Le pedí que me mantuviera en sus oraciones. Nos enviamos un fuerte y grande abrazo. Me sentí aliviada.

Permanecí sola por un rato, escuchando a los pájaros cantar y revolotear entre los árboles, y sintiendo la brisa suave en mi rostro. Medité en las palabras de Jesús en Mateo 6:26, RVR1960:

> *Mirad las aves del cielo, que no siembran, ni siegan, ni recogen en graneros; y vuestro Padre celestial las alimenta. ¿No valéis vosotros mucho más que ellas?*

Meditaba también en cómo se pudo haber sentido Abraham en Génesis 22 cuando se dirigía a lo alto de la montaña con la difícil tarea de sacrificar a su propio hijo Isaac. Tenía una tarea difícil por delante y en medio de la incertidumbre, se mantuvo fiel. Imaginaba que él debió haberse sentido turbado, pero decidió confiar en Dios pese a las circunstancias. Me lo imaginé repitiéndose a sí mismo: «Dios proveerá». Así que yo me repetía la frase «Dios proveerá» una y otra vez. No importaba si yo no entendía mi situación; la verdad era que Dios iba a proveer. No era cuestión de entender todo lo que pasaba, sino de poner mi confianza en Dios.

Tal vez Dios quiere mostrarme algo que de otra manera no sería yo capaz de ver. Dios proveerá...

—Estoy dispuesta a subir esta escarpada cuesta hacia lo alto de la montaña y de enfrentar esta difícil tarea que tengo por delante con fe. Tal vez Dios quiere mostrarme algo que de otra manera no sería yo capaz de ver. Dios proveerá y será de provisión a su tiempo.

Con esto en mente llamé a mi amigo Todd, quien estaba esperando mi llamada, y le conté. Ya él estaba orando mucho por mí, pues él sabía que yo había tenido una biopsia y que estaba esperando los resultados. Definitivamente, él se puso muy triste al escuchar la noticia, pero al mismo tiempo sabía que sus oraciones también iban a estar conmigo.

«Orando» las noticias

Me di cuenta de que cuando oraba antes de compartir con alguien la noticia del cáncer, yo estaba más tranquila. Más tarde durante esa noche, lo que hice fue elegir a algunos amigos a la vez para darles la noticia. Primero, elegí tres de ellos. Me senté frente a mi computadora y les escribí un mensaje de correo electrónico que me ayudara a hablar con ellos más tarde.

Estas fueron las palabras que elegí:

Hola amigas,

Les escribo para que me tengan en sus oraciones. No hay manera de adornar lo que les voy a decir... así que voy al grano. Hoy recibí la noticia de que salió positivo una biopsia que me hicieron de un nódulo en el seno. Hasta el momento, el próximo paso será visitar un cirujano y un oncólogo para explorar las alternativas. Me uno pues, con honor, a las filas de las guerreras contra el cáncer de seno.

Perdonen que no tenga más detalles, pero las mantendré al tanto tan pronto sepa algo más concreto. De pronto, nuestra fe está cimentada en el Señor y Él es nuestra fortaleza. Ángel y yo estamos confiados de la presencia maravillosa de Dios en nuestras vidas; así que andamos agarrados de la Palabra de Dios, su gracia y sus promesas. Pues por lo pronto, le pido a Dios que me de las fuerzas y me llene de la paz que sobrepasa todo entendimiento para subir poco a poco la montaña que se presenta y en el camino experimentar su maravillosa gracia y gloria.

Les amo mucho y ya agradezco sus oraciones.

Mientras escribía esas palabras me di cuenta de una cosa más, yo estaba decidida a luchar. Yo no me iba a ocultar. Ya había sido demasiado para un día. Me sentía emocionalmente exhausta. Así que esperé hasta el día siguiente para continuar «orando» las noticias.

Manejando la negación

La parte más difícil de todo esto para mí fue cuando yo le explicaba todo lo que estaba pasando a alguien my cercano. A veces la persona reaccionaba en negación, haciéndome sentir que debía haber otra manera de ir a través de todo esto, o que los médicos no sabían lo que estaban haciendo. Era bien difícil cuando esto sucedía. Ya

Mientras escribía esas palabras me di cuenta de una cosa más, yo estaba decidida a luchar.

tenía demasiado con lo que estaba pasando y encima de eso el tener que lidiar con la duda de otros acerca de mi situación era abrumador. En esas situaciones, a veces me retiraba por un tiempo, o evitaba hablar sobre el tema con esa persona.

La clave aquí es la paciencia. Yo mantenía esa persona en mis oraciones y le suplicaba a Dios que ella pudiera entender, y para que el Señor me ayudara también a través de esa lucha.

Entiendo que para la gente que realmente se preocupa por uno, el hecho de que uno está enfrentando el cáncer es muy difícil de tragar. Necesitarán tiempo para asimilar y manejar todas sus emociones al igual que tú. Así que yo les daba el espacio también para que manejaran sus sentimientos. Ya es lo suficientemente difícil manejar tus propios sentimientos y dudas. Si las emociones y la confusión de los demás te abruma, no pierdas tu balance ni tu paz. Amablemente, pide un poco de espacio y continúa la conversación más tarde si es necesario.

Asegúrate de que te sientas cómodo(a) con la manera en que tu médico contesta tus preguntas y de cómo te ayuda a entender nueva información. Esto ayuda mucho a mantener la calma cuando las personas siembran la duda, involuntariamente, en ti. Es importante que entiendas que el tratamiento para el cáncer de seno no es el mismo para todos los casos. Hay muchas variables envueltas. Si entiendes esto, tus seres queridos eventualmente lo comprenderán.

Manejando los que se preocupan demasiado

Otro desafío que puedes encontrar son personas que piensan que lo saben todo. Es posible que algunas personas comiencen a decirte que hagas «esto» o «aquello». No te enojes con ellos. Ellos simplemente están preocupados por tu bienestar y pronta recuperación. Haz tu investigación sobre sus recomendaciones si así lo deseas y discierne la información. Algunas veces puede que consigas consejos útiles. Pero sobre todo, evita que esto te abrume.

Tal vez hasta enfrentes críticas. Algunas personas, sin quererlo, puede que te hagan sentir culpable de tu cáncer porque hiciste o comiste «esto», o porque dejaste de hacer o comer «aquello». Aleja la culpa de ti, no es saludable; y enfócate en vez en lo que puedes mejorar. Si hay algunas acciones en tu pasado por las cuales te sientes responsable, usa los errores como oportunidades de aprendizaje. Está bien si necesitas tomarte un descanso lejos de todo esto. Recuerda que el tiempo es demasiado valioso como para desperdiciarlo albergando enojo, amarguras o viviendo con miedo.

Él es todo lo que necesito

Algo pasó la primera mañana después de «el día aquel» —el día que me dijeron que tenía cáncer de seno—. Esa mañana, entré al auto para ir al trabajo y me quedé allí sentada por un tiempo con tantas cosas en mi mente. Encendí el motor después de hacer mi oración y comencé a conducir hacia mi trabajo. Estaba poniendo mi situación en las manos de Dios para poder sobrevivir ese día. Ser un paciente de cáncer nunca antes pasó por mi mente. Entonces ahí estaba yo, conduciendo mi auto hacia el trabajo, sintiendo el peso de la situación en mis hombros y enfrentando una empinada montaña en mi camino. ¡Hasta el aire era difícil de respirar!

Encendí la radio en la emisora «K-LOVE»[2] y escuché la canción «Everything I Need» (Todo lo que necesito) interpretada por el grupo «Kutless». A través de esa canción, Dios me estaba hablando. Escuchaba atenta cada palabra en ella. Me quedé petrificada de emoción. ¡No fue una coincidencia! ¡Dios me estaba hablando! Dios estaba levantando mi alma. Él estaba dejándome saber que me llevaba en sus brazos. Él estaba dejándome saber que en medio de mi situación, mi confusión, mis dudas y mis rodillas debilitadas por el peso de las circunstancias, Él venía a mi rescate.

Mientras la canción se seguía escuchando, Dios me estaba dejando saber que él era todo lo que yo necesitaba. Yo no necesitaba sanación. Todo lo que necesitaba lo tenía en Él. «Yo no tengo que esperar a ser sanada para dar testimonio de Dios y dar gracias. Dios ya está trabajando en mí... ¡Y no estaré en silencio acerca de eso!». Solo tenía que confiar en Él y conocerlo más y más.

Esa canción me dio fuerzas y al mismo tiempo, me dio el valor y la manera para compartir la noticia con resto de mis amigos cercanos y familiares. Al compartir la noticia, iba a compartir la presencia de Dios, haciéndoles saber de esa canción y de cómo llegó en ese preciso momento. Le dije a muchos amigos: «Dios ya está sosteniendo mi mano. Por favor, únanse a mí en la oración con acción de gracias».

«Yo no tengo que esperar a ser sanada para dar testimonio de Dios y dar gracias. Dios ya está trabajando en mí... ¡Y no estaré en silencio acerca de eso!». Solo tenía que confiar en Él y conocerlo más y más.

Algunos de mis amigos me preguntaban si podían compartir la noticia de mi situación con los demás. Yo solía decirles: «Claro que sí, comparte la noticia si es que vas a solicitar oraciones por mí». Ni siquiera imaginaba yo que pronto una cadena de oración más allá de mi círculo de amigos cercanos y familiares se iba a levantar.

Compartiendo la noticia con niños

Cuando abordé el tema con mis hijos, Alejandro y Gabriel, ellos tenían 10 y 8 años de edad respectivamente. Alejandro, en particular, tenía la edad suficiente para darse cuenta de que algo estaba pasando. Tal vez sintió algo a través de las muchas e inusuales llamadas telefónicas, o debido a que mi esposo y yo hablábamos frecuentemente en voz baja el uno con el otro. Tal vez Alejandro notó algo diferente en la manera que empecé a mirarlos a los dos. Yo no quería que él percibiera un mensaje equivocado de cualquier conversación que pudiera captar o de nadie en lo absoluto. Él era lo bastante maduro como para saber que el cáncer no es bueno y que el cáncer mata. Yo no quería que él tuviera miedo. Tenía que decirle algo. Los niños pronto sabrían que algo andaba mal.

Una vez recuerdo que cuando Alejandro era más pequeño, tal vez con 4 años de edad, nos dijo a Ángel y a mí: «Ustedes son mis padres favoritos». ¡El pequeñín me hizo el día! Entonces le respondí: «¡Y tú eres mi hijo mayor favorito y Gabriel es mi hijo menor favorito!». Siendo «su mamá favorita» tenía que ser honesta con él y con Gabriel y hablarles de la situación sin asustarlos o preocuparlos y sin mentirles. No podría excluirlos de lo que estaba pasando. Yo no podía divorciarlos de nuestra realidad. Éramos una familia e íbamos a estar juntos en esto.

Así que me decidí a sentarme con ellos y decirles acerca del cáncer sin utilizar la palabra «cáncer». Tuve que ir poco a poco con ellos. Primero les dije que el doctor encontró unas pequeñas células malas dentro de mi pecho que hacían daño. Les dije que esas celulitas eran como gérmenes malos que contaminaban el cuerpo y le podían causar mucho daño. También les dije que el doctor iba a quitarme esas células malas de mi pecho y que las iba a estudiar más a fondo bajo un microscopio. De esta manera les dije a los chicos que iba a tener una cirugía en el seno.

Más tarde, cuando todo el panorama se iba desenvolviendo y me di cuenta de que con solamente una cirugía no fue suficiente para deshacerme del cáncer, compartí con ellos poco a poco cómo sería el proceso de tratamiento. Les hablé de los cambios que serían visibles para ellos y sobre cómo esas células malas estaban tratando de esconderse dentro de mi axila. En cada conversación les hacía saber que yo iba a ser tratada y trataba de mostrarme optimista. Pensaba que si yo estaba optimista, ellos lo estarían también.

Recuerdo bien cuando fue que usé la palabra cáncer por primera vez al hablar con cada uno de ellos. Al principio, solamente me acerqué a Alejandro para preguntarle qué sabía él sobre el cáncer. Yo quería saber primero que exactamente él sabía del cáncer para saber cómo hablar abiertamente con él sobre el tema. Luego, cuando usé la palabra cáncer por primera vez con Gabriel, me aseguré de que Alejandro estuviera a su lado. Debido a que Gabriel es muy apegado a su hermano mayor y siempre le tiene en gran estima, yo quería que estuvieran juntos cuando le hablara a Gabrielito sobre el cáncer.

La idea que usé para describirles el cáncer fue que había unas células enemigas que estaban atacando las células buenas. Ellos entendieron ese concepto. Debido a que ya habíamos hablamos anteriormente sobre las células malas que hacían daño a las buenas, les dije que cuando los doctores pusieron estas bajo el microscopio, las mismas se comportaban como las que los médicos llamaban células cancerosas. Yo les expliqué que debido a que las células cancerosas se encontraban en mi seno, entonces los médicos me dijeron que tenía cáncer de seno. Les enfaticé que no era contagioso. También les dije que gracias a los muchos años que los doctores y los científicos llevaban estudiando el cáncer de seno, ahora había mucha esperanza para el tratamiento médico y que la detección temprana estaba salvando vidas. Con eso, yo quería que supieran que había esperanza.

En una cosa yo fui muy enfática y fue el llamar al cáncer por su nombre completo: cáncer de seno. Para evitar conjeturas que les pudiera causar estrés, yo quería que ellos entendieran y utilizaran el nombre completo del cáncer en caso de que necesitaran compartir esto con sus maestros o alguna otra persona. Yo no quería que ellos pensaran que todo esto era un secreto. Sabía que muchas veces los niños comparten cosas personales con sus maestros y quería darles esa flexibilidad, y así evitarles alguna ansiedad innecesaria o sentimientos de culpa.

En cada conversación, los preparaba para lo que iba a suceder con respecto al tratamiento. Buscaba las palabras y ejemplos para ayudarles a entender. Les estimulaba a hacer preguntas y era honesta con ellos si yo no sabía las respuestas. Yo quería que supieran que estaba bien el no tener todas las respuestas y que llegaríamos a ellas paso a paso. Les dije que a veces me iba a sentir cansada o de mal humor, pero también les decía que todo eso iba a ser temporal. Les dije que si me veían así, que sería por causa del tratamiento y no por culpa de ellos. En algún momento me los llevé a la clínica brevemente para que pudieran conocer al personal médico y a mi doctora.

En todas nuestras conversaciones, yo les enfatizaba a ellos la importancia de la oración y la fe. A veces orábamos juntos y otras veces les pedía oración, haciéndoles saber que Dios escucha y que Él está con nosotros. Les recordaba una canción de los «VeggieTales» que decía, «¡Dios es más grande que el cuco, más grande que Godzilla o los monstruos en la tele!».

Llegó el momento en que tenía que decirles a mis hijos acerca de los efectos de la quimioterapia. Sabía que el tipo de quimioterapia que iba a recibir tenía el efecto secundario, muy visible, de la pérdida del pelo. Les dije que el doctor me iba a dar un medicamento para combatir las células cancerosas «enemigas» que se movieron fuera del seno y que podrían estar escondidas en mi cuerpo. Debido a que todos nosotros somos grandes fans de la película «Star Wars» (La guerra de las galaxias), al hablar con mis hijos me refería a la quimioterapia como la batalla de los Jedi en el Episodio II de la serie. Yo les dije que iba a ser precisamente como esa batalla Jedi dentro de mí, en la que los «oscilantes sables láser» de los Jedi —la medicación— eran tan poderosos que iban a golpear y debilitar algunas células buenas. Les expliqué que la medicación me iba a causar perder el pelo y a verme enferma y débil. Pero yo incesablemente siempre les recordaba que no tuvieran miedo y que nosotros confiamos en un Dios todopoderoso. Les motivaba a orar constantemente para que ellos también pudieran sentir la paz y la fuerza de nuestro Señor.

—Si sienten miedo, denme un abrazo y vamos a orar juntos —les decía.

Nunca les dije a ellos que todo iba a salir bien, pues para ellos tal vez esto significaría que su mamá iba a estar siempre con ellos. Yo quería que ellos pusieran su confianza en Dios sin importar el resultado de todo. No quería que su amor y confianza hacia Dios dependiera de si yo estaba con ellos o no. Tenía que guiarles a entender que nuestra confianza en Dios no debe depender de nuestras circunstancias y que la fidelidad de Dios va más allá de lo que podamos entender.

También les dije a los chicos que en algún momento tendrían que ayudar a mamá y a papá manteniendo sus cosas en orden y ayudando con algunas cosas pequeñas en la casa. Yo les dije que al hacer eso, serían una gran ayuda.

Mientras me preparaba para el impacto de la caída del pelo, quería conseguir una peluca antes del inicio de la quimioterapia. Más tarde me enteré de que la forma correcta de referirse a la peluca era prótesis craneal. Supongo que el tener la peluca antes de la caída del pelo me haría sentir menos ansiosa acerca de todo el asunto. Un día les dije a los nenes que papá me iba a acompañar a comprar una peluca. Gabriel no podía esperar para satisfacer su curiosidad y me preguntó si lo iba a dejar que se la probara para ver cómo se sentía. Todos nos reímos a carcajadas. Yo le respondí que él iba a ser el primero en probársela, después Alejandro y finalmente papá.

Estábamos juntos en esta batalla. De modo que siempre buscábamos el buen sentido del humor siempre que fuera posible y tomar las cosas de una manera positiva. Teníamos que hacerlo. Yo quería vivir, amar y reír.

Inmediatamente después íbamos a decidir quién se veía más lindo. ¡Fue un acuerdo!

¡Créanme! Llegó el momento de hacer el concurso de la peluca. Nos turnamos para ponernos la peluca y modelar frente al espejo. La única regla era: «¡No tomar fotos!». Gabriel ganó. Estábamos juntos en esta batalla. De modo que siempre buscábamos el buen sentido del humor siempre que fuera posible y tomar las cosas de una manera positiva. Teníamos que hacerlo. Yo quería vivir, amar y reír.

LAS PREGUNTAS . . .

La encrucijada

Yo estaba decidida a pelear la buena batalla con ese estúpido cáncer. Estaba en una encrucijada, en un momento en el que estaban ocurriendo cambios importantes y grandes decisiones tenían que tomarse. Busqué al Señor por dirección y leí en Proverbios 1 y Jeremías 33:

He aquí yo derramaré mi espíritu sobre vosotros,
Y os haré saber mis palabras.
(Proverbios 1:23, RVR1960)

Clama a mí, y yo te responderé,
y te enseñaré cosas grandes y ocultas
que tú no conoces.
(Jeremías 33:3, RVR1960)

Entonces puse mis oraciones delante de él. Dios estaba derramando su paz en mí.

—Señor, ayúdame a venir a ti con un corazón confiado poniendo delante de ti mis peticiones. Si te he pedido dirección y que hables a mi vida, entonces ayúdame a reconocer tus palabras. Refuerza en mí la disposición de vivir en ti y tú en mí.

Si todavía no alcanzo a ver ni siquiera el horizonte, por favor, dame la luz suficiente para dar el próximo paso. Dame la fuerza de voluntad y el valor necesario para aferrarme a ti.

—Mi Dios, que mis mayores retos en todo esto sea la comunión contigo y caminar junto a ti. Si todavía no alcanzo a ver ni siquiera el horizonte, por favor, dame la luz suficiente para dar el próximo paso. Dame la fuerza de voluntad y el valor necesario para aferrarme a ti.

Más resultados son revelados

Ya yo había decidido que quería que me removieran ese tumor de inmediato. Mi ginecólogo me ayudó a encontrar un cirujano. Mi cirujano me ayudó a encontrar un oncólogo. ¡Diantre, un oncólogo! Nunca antes yo habría pensado que estaría buscando un oncólogo.

Tenía una lista con algunos nombres de oncólogos para entrevistar antes de la cirugía. Oraba mucho sobre esto. Yo había reducido mi lista de médicos para llamar a tres. Llamé al primer doctor de mi lista. La dama que me contestó me saludó amablemente y me dio una cita para el día siguiente. Me dijo que la doctora le gustaba dedicarle mucho tiempo durante la primera cita a un nuevo paciente. Me alivió mucho el poder concertar una cita para el día siguiente y con el primer doctor que llamé.

Puse la dirección de la clínica de cáncer en mi GPS esa mañana. Al acercarme a la clínica, me di cuenta de que no era una clínica grande. Eso me agradó. Con un respiro hondo me acerqué a la puerta y la abrí. Cuando entré, la señora de la recepción me sonrió como si me estuviera esperando. Me aproximé al mostrador y me presenté.

—Hola Sra. Rivera, yo soy Dorothy. Hablé con usted ayer por el teléfono.

Ella me dijo que la Dra. Kazhdan me esperaba pero primero tenía que llenar un cuestionario. Ella me dio un montón de papeles para llenar. Mientras completaba todo el papeleo, vi este espacio en blanco para poner la «razón de la visita» justo frente a mí. Agarré con fuerza el bolígrafo y luego escribí: «cáncer de seno».

No había pasado mucho tiempo cuando me dijeron que pasara adentro para que tomaran mis signos vitales. Luego me dirigieron a una oficina para esperar a la doctora. Esperé allí por un tiempo, hasta que oí un golpe firme en la puerta. Se abrió la puerta y entonces conocí a la Dra. Kazhdan.

—¡Usted debe ser la Sra. Rivera! —ella dijo jovialmente mientras me obsequiaba una gran sonrisa.

Me puse de pie para darle un apretón de manos, pero ella me ofreció un gran abrazo en su lugar. Ella era alta y tenía un cierto acento ruso. Yo era bajita y tenía este único acento puertorriqueño... «Esto sí que va a estar interesante...» —Pensé.

Entonces ella movió su silla al lado de la mía y me miró a los ojos. Su sonrisa sincera y su presencia me hicieron sentir cómoda. Después me preguntó amablemente:

—¿Bueno Sra. Rivera, qué le trae por aquí?

Me encogí de hombros mientras me tomaba una respiración profunda y entonces le dije:

—Supongo que... cáncer de seno.

—¿Sabes qué? Yo soy oncóloga pero no porque me guste el cáncer... Yo odio el cáncer, especialmente cuando está dentro del cuerpo.

Ella me hizo reír con ese comentario. Imagino que notó que yo estaba bien ansiosa. Le respondí mientras me secaba una lágrima traicionera:

—Sí, yo también lo odio...

—Está bien. Cuéntame acerca de eso —ella dijo con mucha naturalidad.

Después, simplemente hablamos. Hablamos mucho. Supongo que estuve allí probablemente poco más de una hora. Le hice tantas preguntas. Para cada uno de ellas, ella no solo tenía una respuesta, sino también la honestidad de decirme que todavía teníamos muchos resultados por evaluar para determinar el tratamiento a seguir. Ella era muy conocedora; estaba al día acerca de las últimas investigaciones sobre el cáncer de seno.

Pensé que yo iba estar aterrorizada en esa cita. Por el contrario, me sentí muy cómoda. La doctora Kazhdan no se sentó en el otro lado del escritorio. Hablamos de frente a frente. Ella me escuchaba. La doctora me hablaba como a una persona y no como otro paciente más. Eso me gustó; me hizo sentir confiada para enfrentar el caos dentro de mí y a mi alrededor. Incluso hasta me reí en algunos momentos durante la conversación. Ella tenía un excelente sentido del humor. Le dije que yo ya estaba enfocada en que quería que el tumor fuera retirado inmediatamente. Ella entendió. Me dio un número de teléfono para llamar por si tenía que ponerme en contacto con ella y me llevó luego hacia Dorothy quien hizo los arreglos para una cita para unos días después de la cirugía. La doctora Kazhdan me despidió con otro fuerte abrazo y mirándome amorosamente a los ojos me dijo con preocupación: «No vayas a desaparecer. ¿Está bien?».

Decidí no ver otro oncólogo; la doctora Kazhdan era la indicada. Ella iba a recibir todos los resultados de la segunda biopsia después de la cirugía y a partir de eso íbamos a continuar.

Al principio, debido a que la masa cancerosa era bastante pequeña, menos de dos centímetros —o al menos eso era lo que pensaba basado en la primera biopsia—, elegí proceder con una lumpectomía[1]. Yo quería proceder con esa cirugía lo más rápido posible y así tener ese asqueroso cáncer fuera de mí de una vez. Sin embargo, yo sabía que con una lumpectomía todavía podría tener que considerar la radiación para disminuir las probabilidades de que el cáncer regresara.

Es un procedimiento estándar durante una cirugía de cáncer de seno realizar una biopsia en el tumor removido, en el tejido circundante y en los nódulos linfáticos cercanos a la axila. Me sometí a una lumpectomía esperando remover de mi cuerpo el tumor relativamente pequeño. Poco sabía yo que la segunda biopsia iba a resultar en una sorpresa totalmente desagradable.

Unos pocos días luego de la lumpectomía, recibí una llamada telefónica de la oncóloga. La Dra. Kazhdan quería verme para ir sobre los resultados de la patología[2] del tejido extraído durante la cirugía. Como parte de la estadificación[3] del cáncer, se analizan muchos parámetros. El tumor resultó ser más grande de lo que la primera biopsia presentó. De acuerdo con los resultados, los márgenes[4] del tumor todavía eran positivos. El médico me explicó lo que esto significaba. En resumen, las insidiosas células cancerosas todavía estaban allí. Ya habían comenzado a «colonizar» el tejido circundante. Esto no era nada bueno.

Encima de eso, las células cancerosas aparecieron también en los ganglios linfáticos. Esta declaración en particular me azotó bien duro. Yo sabía lo que eso significaba... el perverso cáncer ya había comenzado a moverse fuera del seno.

Esto abrió un mundo de opciones. Todo esto iba a complicar el proceso de toma de decisiones y la forma en que íbamos a abordar el tratamiento. Diferentes emociones y preguntas se amontonaban en mi interior: «¡Yo pensé que estaba en una etapa temprana de cáncer de seno! ¡Pensé que la masa era pequeña! Pensé que... Ahora, yo podría estar considerando una mastectomía[5]. Entonces, si consideraba una mastectomía... ¿una mastectomía en el seno izquierdo, o una mastectomía bilateral?».

Todo eso añadió también una cuestión más que era muy difícil para mí digerir en ese momento, la posibilidad casi segura de la quimioterapia. Traté de no cruzar el puente antes de llegar a él. Todavía tenía que ver al médico para discutir la situación y entrar en más detalles sobre el tratamiento. El médico me habló de otro examen de sangre del que quería darme más detalles y que arrojaría más información sobre cómo proceder. Todavía había más pruebas a realizar y más resultados por discutir.

Llamé a Ángel y le dije lo que estaba pasando. Me dijo que iba a salir de la oficina antes del almuerzo para llevarme al médico por la tarde. Estábamos preocupados. Mientras esperaba que Ángel llegara a la casa, un montón de pensamientos comenzaron a invadirme.

A través de todo eso, sin embargo, me sentía fuerte. Yo sabía que Dios me estaba rodeando con su paz que sobrepasa todo entendimiento. Me estaba sosteniendo con firmeza a su manto. Si mis pies estaban débiles por un instante, sabía que Él me iba a llevar en sus brazos y me iba a sostener de la mano. A veces el miedo y la preocupación por mis hijos me abrumaba —no puedo ocultar eso—, sin embargo, sabía que Jesús los tenía en sus espléndidas manos. Y luego este entendimiento me mantenía en paz.

Me recordaba tomar un paso a la vez. Una vez más, la imagen de Abraham en Génesis 22, subiendo la montaña con una carga tan pesada estaba en mi mente. Su fe lo mantuvo caminando un paso a la vez sabiendo que el Dios

A veces el miedo y la preocupación por mis hijos me abrumaba... sin embargo, sabía que Jesús los tenía en sus espléndidas manos. Y luego este entendimiento me mantenía en paz.

todopoderoso iba a proveer. Con esto en mente y entre lágrimas silenciosas, me puse a orar.

A duras penas navegando entre estadísticas

Mi esposo y yo tuvimos una larga conversación con la oncóloga. La Dra. Kazhdan nos dio toda la atención que necesitábamos al tratar de entender los resultados de la patología. Ella estaba respondiendo nuestras preguntas y nos explicaba los beneficios de obtener los resultados necesarios para poner todas las cartas sobre la mesa y así decidir mejor qué tratamiento iba a ser el más indicado para mi situación.

No me tomó mucho tiempo darme cuenta de que el cáncer y las estadísticas van de la mano. Mientras la doctora nos hablaba, yo estaba tratando de asimilar la información acerca de la estadificación[3] del cáncer, las tendencias de la investigación y los porcentajes de recurrencia del cáncer, la relación entre el tratamiento del cáncer y las posibilidades de supervivencia, y un mar de otras cosas.

Los resultados mostraron que las células cancerosas eran de «grado 3» en el sistema de clasificación de Bloom-Richardson. El sistema de clasificación de Bloom-Richardson es usado para catalogar el cáncer de seno en una escala de 1 a 3. Mi tumor era de grado alto y agresivo, lo que significa que crece y se propaga rápidamente. Ya había hecho metástasis[6] a mis ganglios linfáticos según indicaba la biopsia de ganglio linfático centinela (sentinel lymph node biopsy, SLNB)[7]. El escuchar la palabra «metástasis» me dio escalofríos.

Al escuchar todo esto, yo estaba extremadamente atenta a la doctora tratando de absorber toda la información como una esponja. Yo no quería pasar por alto ni una sola cosa de lo que ella decía. Quería entender todos los detalles para poder hacer decisiones informadas. Al mismo tiempo, no podía dejar a un lado la ansiedad de darme cuenta de que un cáncer rabioso avanzaba con sigilo dentro de mí.

Todavía había algunas estudios médicos para hacer —tomografías[8], imágenes de resonancia magnética (MRI)[9], gammagrafía ósea[10]— para descartar la migración del cáncer a otras partes de mi cuerpo, incluyendo el cerebro. Las preguntas se seguían amontonando una encima de la otra. «¿Qué debe venir primero? ¿Debo tener mi cirugía antes de los estudios de imágenes? ¿Debo esperar? ¿Qué hay con la radiación y la quimioterapia?»

Tuve otra muestra de sangre para hacer un análisis más, la prueba genética de BRCA1[11] y BRCA2[11]. Esta prueba era voluntaria pues podía tener implicaciones serias que tenía que estar preparada para afrontar. Esta prueba era para encontrar si yo tenía esta mutación genética particular que promueve el cáncer de seno y de ovario —ya que estos dos están relacionados de acuerdo con las últimas investigaciones—. Teniendo en cuenta mi edad y el hecho de que tenía un cáncer de alto grado, esta prueba adicional nos daría información para ayudarnos a evaluar las alternativas de tratamiento. Un resultado positivo significaría que tendría una alta probabilidad de que se repitiera y un riesgo de entre 60 a 87% de desarrollar cáncer de ovario.

Hasta el momento, debido a que el tejido que rodeaba el tumor resultó positivo a cáncer, yo iba a necesitar más cirugía. Yo estaba ahora enfrentando una mastectomía. Dependiendo de la prueba de mutación genética BRCA, podría tener una mejor idea para ayudarme a decidir si se debía considerar remover uno o ambos senos y los ovarios para así aumentar mis posibilidades para librarme del cáncer. Los resultados de la prueba podrían tomar de 2 a 3 semanas. Como parte del próximo paso, no solo tenía que pensar en conseguir deshacerme del cáncer, sino también enfocarme en las alternativas de tratamiento para minimizar el riesgo de recurrencia o lo que se conoce como la terapia adyuvante.

Debido a que la biopsia de los ganglios linfáticos fue positiva y porque las células cancerosas resultaron ser de alto grado, yo iba a ser entonces una candidata para la quimioterapia. En este punto, todavía no sabía si iba a tener radioterapia. Todo lo que sabía era que si yo iba a recibir tratamiento de radiación, iba a tener que ser después de la cirugía y después de la quimioterapia. De todos modos, tendría que ver a un oncólogo de radiación, una vez que tuviéramos todos los datos. Además, también tenía que considerar una cirugía de reconstrucción del seno y comenzar la búsqueda de un cirujano plástico. Incluso la decisión de la cirugía plástica tenía diferentes alternativas que iban en función del contexto del tratamiento, si se realizaba junto con la mastectomía o después de pasar por la quimioterapia o la radiación.

Encima de eso, tenía que buscar más médicos y especialistas. ¡Yo solo llevaba viviendo Texas 10 meses! ¡Yo ni siquiera tenía un médico primario! ¡Y simplemente no podía andar por ahí pidiendo referencias para un cirujano plástico y un oncólogo de radiación de la misma manera como pediría referencias para un dentista! Le pregunté a mi primer cirujano —el que realizó la lumpectomía— y a mi oncóloga referencias de otros médicos, y amablemente me proporcionaron unos cuantos nombres para tener la oportunidad de conocer algunos y decidir. Tenía que empezar a formar mi equipo de cuidado médico. Con todos esos nombres frente a mí, yo también oraba. Quería que Dios me ayudara en todo ese proceso de toma de decisiones y con esa ansiedad que todo eso acarreaba.

Me daba cuenta en ese momento de que el tratamiento contra el cáncer seno era una obra en progreso. No existe un tratamiento definitivo para un cáncer dado. Ha habido muchos avances, pero todavía hay muchas incógnitas. Es la acumulación de la investigación y el conocimiento adquirido sobre el cáncer de seno en sí, lo que determina su tratamiento.

Después de ese viento recio de malas noticias, nos fuimos a casa. Ángel y yo estábamos claros en una cosa, mantener en alto la fe. No podíamos ocultar nuestra angustia, pero al mismo tiempo, nos reforzábamos el uno al otro que nuestro Dios es un Dios poderoso. Nuestro Dios provee.

Fuimos juntos a recoger a los niños en la escuela esa tarde. Era una hermosa tarde de primavera. Aún no había llegado el momento de preparar a los pequeños sobre lo que estaba pasando. Decidimos improvisar y más bien, disfrutar de la vida y de compartir tiempo familiar de calidad todos juntos. Les preguntamos a los chicos qué pensaban acerca de ir a volar chiringas[12]. Un unánime y alegre «¡Sí!» llenó todo el auto. Así que eso fue precisamente lo que hicimos. Fuimos a comprar algunas chiringas y luego al parque a volar chiringas hasta la puesta de sol.

Permaneciendo a flote

Mantenía continuamente en mi mente la imagen de Pedro en Mateo 14:22-31, cuando comenzó a caminar sobre las aguas inestables por invitación de Jesús. El fuerte viento creaba olas despiadadas y allí estaba Pedro caminando contra viento y marea. Gracias a Pedro y a ese momento en la historia, yo sabía que tenía que mantener la mirada firme en Jesús y lo que Él puede hacer, en lugar de prestar atención a la incertidumbre y a los fuertes vientos que me rodeaban. Aún si comenzaba a hundirme, yo sabía que Él me iba a sostener de la mano. Tenía que mantener la fe para ser capaz de saborear la gloria del Señor y sus promesas.

Aún si comenzaba a hundirme, yo sabía que Él me iba a sostener de la mano. Tenía que mantener la fe para ser capaz de saborear la gloria del Señor y sus promesas.

Durante una de mis oraciones, estaba rogando al Señor por fuerza y dirección. Yo estaba postrada en el piso, no porque estuviese orando, sino porque no tenía la fuerza para ponerme de pie y caminar. Creo que ese fue mi primer colapso emocional.

Yo estaba en el suelo, entre el baño y mi cama. El miedo y la duda me golpeaban con fuerza y escupían en mi cara. La ansiedad me ahogaba. Me sentía tan sola. Yo estaba clamando al Señor para que me dejara agarrar su manto, porque sabía que con solo tocar su manto me salvaría. Empecé a imaginarme a esa mujer en el relato de Marcos 5:21-32, luchando contra la presión de la apretada multitud para acercarse al Señor. Por la fe, ella tenía la certeza de que con solamente tocar el borde del manto de Jesús, ella se salvaría de su condición. Podía imaginar que durante el tortuoso y difícil avance hacia el Señor, ella recibió el desprecio y la reprobación de muchos por ser considerada impura debido a su flujo de sangre. Pero ella continuaba su camino, no escuchando las voces de esos muchos, sino siguiendo su fe.

De repente, la canción «Voice of Truth» (La voz de la verdad), interpretada por la banda cristiana de rock Casting Crowns, comenzó a tocar en la radio. Seguí orando y dando gracias al Señor por esa canción y su voz en ese preciso momento. Entonces mi llanto se convirtió en gran asombro. La letra de la canción me recordó otra vez el relato en Mateo 14:22-31 cuando Jesús se les apareció caminando sobre el agua a sus discípulos que estaban la pequeña barca siendo azotada por el fuerte viento que estaba en su contra. Pensaba en Pedro caminando hacia Jesús y siendo golpeado por las fuertes olas y el viento recio para tratar de hacerle dudar. Al igual que Pedro, yo estaba luchando contra la duda; estaba batallando contra la incredulidad.

El insidioso cáncer se reía de mí. La duda y el miedo escupían en mi cara y rasgaban mis ropas gritándome que era inútil luchar. Las mentiras de fracaso y decepción me decían que nunca iba a ganar esa batalla.

La canción seguía sonando en la radio, y con ella resonaban en mi mente las palabras de Jesús diciendo: «*No tengas miedo*» (Lucas 8:50). Necesitaba enfocarme y escuchar su voz, porque Él es la voz de la verdad.

> *Jesús le dijo: Yo soy el camino, la verdad y la vida...*
> *(Juan 14:6, RVR1960)*

> *Mis ovejas oyen mi voz, y yo las conozco, y me siguen,*
> *(Juan 10:27, RVR1960)*

El Señor era mi fuente de valor y de fuerza. En esa batalla, tenía que escuchar la palabra de Dios y poner mi confianza en Él y no en otras voces.

> *Pues tengo por cierto que las aflicciones del tiempo*
> *presente no son comparables con la gloria venidera que en*
> *nosotros ha de manifestarse.*
> *(Romanos 8:18, RVR1960)*

La estación de radio siguió tocando otras canciones. Entonces, aún en mis rodillas, sobrecogida de asombro y gratitud, declaré:

—¡Esto es para tu gloria! ¡Voy a elegir escuchar y creer la voz de la verdad; la voz de mi Pastor, mi Señor, mi Dios!

Siento ahora una urgencia de decirle a usted, que lea y comprenda el primer capítulo del libro de Juan en la Biblia. Vea la revelación; considere y comprenda el misterio. No puedo hacer otra cosa que no sea adorar a mi Dios con mi vida.

Poniendo al día a los demás

Durante ese tiempo, recibí muchos mensajes de aliento de amigos y familiares. Uno de ellos era de mi amigo Todd. Él me estaba recordando que Dios era mucho más grande que mis circunstancias:

> He estado orando por ti todo el día. Hay una canción en «VeggieTales» que dice: «Dios es más grande que el cuco, más grande que Godzilla o los monstruos en la televisión». Solo puedo imaginar por lo que estás pasando, pero sí sé que Dios es mucho más grande que eso y que Él te está

41

sosteniendo en sus brazos ahora mismo. Él nunca te soltará.

Recuerda, Él está susurrando tu nombre al sonar del trueno.

Quería poner al día con los nuevos acontecimientos a amigos cercanos y familiares. Muchos estaban muy lejos y querían mostrarme apoyo. Era difícil hablarles de lo que estaba pasando sin preocuparlos. Así que decidí no solo darles un breve resumen de los acontecimientos, sino también proveerles algunos enlaces en la internet para ayudarles a entender mejor el tratamiento del cáncer de seno.

Fue bien difícil compartir las nuevas noticias con mis padres. Yo no quería causarles angustia. Ellos no eran tan versados en el uso de computadoras, por lo que no significaría nada el darles los enlaces de Internet para que pudieran tener más información. Yo quería ahorrarles la ansiedad causada por la opinión de los demás. Por lo tanto, yo trataba fuertemente de asimilar y aprender tanto como me fuera posible sobre el cáncer de seno y su tratamiento para poder hablar con mis padres con aplomo y guiarlos a través del proceso.

No podía evitar pensar que mis padres me vieran como su pequeña hija muy lejos y en la oscuridad. Tenía que orar por ellos y por mí antes de hablarles, para poder mantener la calma. Al mantenerlos al tanto a través del teléfono, también les daba la seguridad de que yo estaba haciendo todo lo posible para mantenerme informada, contándoles de mis doctores y de cómo Dios era grandioso y nos llenaba de esa paz que sobrepasaba nuestra comprensión. Quería que ellos sintieran la fe y la esperanza que yo estaba experimentando. Fue alentador escuchar que me tenían en la lista de oración en su iglesia allá en Puerto Rico y que muchos seres queridos me tenían en sus oraciones.

Tenía mis días cuando yo no quería hablar con nadie en lo absoluto y deliberadamente dejaba el teléfono lejos de mí para así no escucharlo y por consiguiente evitar sentirme culpable de no contestarlo. Había momentos en que simplemente me sentía que al hablar con alguien, me iba a causar más ansiedad en vez de ayudarme.

—Está bien. Toma el tiempo que necesites —Ángel me decía suavemente.

Él debió haberse sentido preocupado de que yo pudiera tal vez caer en una depresión.

Cuando Dios Habla

No temas, porque yo estoy contigo; no desmayes, porque yo
soy tu Dios que te esfuerzo; siempre te ayudaré, siempre te
sustentaré con la diestra de mi justicia.
(Isaías 41:10, RVR1960)

Hubo muchos versos de La Biblia y muchas canciones que me hablaron, en particular, durante los primeros tres meses que llevaba manejando el saber de mi diagnóstico de cáncer de seno. Digo «manejando el saber de mi diagnóstico» pues no solo tenía que bregar con asimilar todo lo que estaba sucediendo, sino también con todos los cambios imprevistos, el constante fluir de la información acerca del diagnóstico, mi trabajo, mi familia, todas las preguntas —las mías y las de los demás—, las decisiones, las emociones encontradas, la incertidumbre…Podría llenar toda una página enumerando el conglomerado de cosas y emociones que llevaba sobre mis hombros día a día. Hubo muchas promesas de Dios a la que me aferraba. Algunas de ellas:

[10] y si dieres tu pan al hambriento, y saciares al alma
afligida, en las tinieblas nacerá tu luz, y tu oscuridad será
como el mediodía. [11] Jehová te pastoreará siempre, y en las
sequías saciará tu alma, y dará vigor a tus huesos; y serás
como huerto de riego, y como manantial de aguas, cuyas
aguas nunca faltan.
(Isaías 58:10-11, RVR1960)

Y a Aquel que es poderoso para hacer todas las cosas mucho
más abundantemente de lo que pedimos o entendemos, según
el poder que actúa en nosotros,
(Efesios 3:20, RVR1960)

Y me ha dicho: Bástate mi gracia; porque mi poder se
perfecciona en la debilidad. Por tanto, de buena gana me
gloriaré más bien en mis debilidades,
para que repose sobre mí el poder de Cristo.
(2 Corintios 12:9, RVR1960)

[1] Alzaré mis ojos a los montes; ¿De dónde vendrá mi socorro
? [2] Mi socorro viene de Jehová, Que hizo los cielos y la

tierra...⁵ Jehová es tu guardador; Jehová es tu sombra a tu
mano derecha. ⁶ El sol no te fatigará de día, Ni la luna de
noche.⁷ Jehová te guardará de todo mal; El guardará tu
alma.⁸ Jehová guardará tu salida y tu entrada, Desde ahora y
para siempre.
(Salmos 121, RVR1960)

⁶ Por nada estéis afanosos, sino sean conocidas vuestras
peticiones delante de Dios en toda oración y ruego, con
acción de gracias. ⁷ Y la paz de Dios, que sobrepasa todo
entendimiento, guardará vuestros corazones y vuestros
pensamientos en Cristo Jesús.
(Filipenses 4:6-7, RVR1960)

Yo escuchaba casi todos los días a la estación de radio cristiana «K-LOVE». No quería perderme nada de lo que el Señor quería decirme ese día o las bendiciones que Él tenía para mí ese día. Hay una canción interpretada por la banda «MercyMe» titulada «Word of God Speak» (Palabra de Dios habla), que no puede ilustrar mejor lo que sentía. Con esa canción en mi mente, me acerqué muchas veces al Señor y oraba. Les invito a escuchar esa canción. Muchas veces yo no sabía por qué orar o no tenía las palabras para describir lo que había en mi corazón. Abrazaba con fuerza mi Biblia preparando mi corazón para escucharlo a Él y para que Él guiara mi próximo paso. Me quedaba sin habla; las palabras se esfumaban... Simplemente me quedaba allí en su presencia. Me quedaba quieta, en silencio…derramando mi corazón a Él.

Esa canción se convirtió en una realidad en mi travesía a través del cáncer y en mi vida. Me encontraba a mí misma muchas veces en oración y sin palabras. ¿Cómo es posible orar sin palabras? Todo lo que puedo decir es que sí es posible. Meditaba constantemente en la majestad de Dios y la Palabra de Dios fluía y me alimentaba. Durante mi experiencia con el cáncer, Dios me hablaba a través de su Palabra, a través del testimonio de los demás, a través de mis hijos, de mi familia, de mis amigos, y a través de muchas canciones; incluso a través del canto de las aves.

Muchas veces mi oración era:

—Mi cansancio y alabanza son tuyos… No tengo nada que ofrecerte, solo un corazón marcado por tu amor y la felicidad de las bendiciones que tú mismo me has concedido. Todo lo que soy, es de hecho, tuyo.

Su gracia es suficiente

Yo estaba escuchando a menudo la canción «Praise You In This Storm» (Te alabo en esta tormenta) de la banda «Casting Crowns». La canción habla de los tiempos difíciles que enfrentamos, y de cómo a veces deseamos intensamente que Dios venga a intervenir y a salvar el día. Pero de alguna manera, la respuesta de Dios no es inmediata o no está de acuerdo a lo que esperamos. Todo lo que podemos percibir es que la situación no se va, que la dificultad sigue ahí y que seguimos en el valle de sombras. Esto puede causar la impresión de que el Señor no nos está escuchando, o que no responde, o que está dándole largas a la respuesta que tanto anhelamos. Él escucha y responde. A veces su respuesta podría ser simplemente «Yo estoy contigo. No tengas miedo». Desafortunadamente, en ocasiones nos retiramos mucho antes de recibir la bendición que Él tiene para nosotros, lo que quiere mostrarnos; o nos decepcionamos porque no reconocemos su respuesta por no ser cómo la que esperábamos.

Él escucha y responde. A veces su respuesta podría ser simplemente «Yo estoy contigo. No tengas miedo». Desafortunadamente, en ocasiones nos retiramos mucho antes de recibir la bendición que Él tiene para nosotros, lo que quiere mostrarnos; o nos decepcionamos porque no reconocemos su respuesta por no ser cómo la que esperábamos.

> *Dios le respondió: —Yo estaré contigo;…*
> *(Éxodo 3:12, RVR1995)*

> *Cuando pases por las aguas, yo estaré contigo; y si por los ríos, no te anegarán. Cuando pases por el fuego, no te quemarás ni la llama arderá en ti.*
> *(Isaías 43:2, RVR1995)*

Esa respuesta «yo estoy contigo», está en todas partes en La Biblia. Es una constante. Tal como esas palabras dicen, pudieras estar todavía bajo lluvia torrencial, en medio de la tormenta, pero permanece quieto, haz silencio para que puedas escucharlo susurrándote al oído, que Él no te dejará. Él está justo ahí contigo para ir a través de la tormenta junto a ti, para darte fuerza, incluso para llevarte en sus brazos. De pronto, la sensación de su estupenda gracia precisamente te rodea y la paz de Dios, que sobrepasa todo entendimiento, guarda tu corazón y tu mente.

Una de mis partes favoritas de la canción «Praise You In This Storm» es una que se refiere al Salmo 56:8 (NTV): «*Tú llevas la cuenta de todas mis angustias y has juntado todas mis lágrimas en tu frasco; has registrado cada una de ellas en tu libro*».

El saber que el Señor tiene cuenta de mis penas, de cada lágrima que he derramado, me muestra que le importo, que no estoy en el olvido, que Él me ve y que su presencia siempre está ahí. Así que aunque mi corazón estuviera angustiado, yo lo iba a alabar en medio de la tormenta. La canción repite varias veces las primeras líneas del salmo 121: «*Alzaré mis ojos a los montes; ¿De dónde vendrá mi socorro? Mi socorro viene de Jehová, que hizo los cielos y la tierra*». Por lo tanto, incluso en medio de la tormenta puedes clamar a él. Conoce a tu Dios... quien hizo los cielos y la tierra... el que te dice: «Yo estoy contigo».

Incluso en medio de nuestra debilidad o en medio de situaciones en las que desesperadamente nos gustaría tanto que Dios interviniera y las alejara de nosotros, Él nos recuerda su gracia. En esas situaciones es cuando su poder habita en nosotros:

> *Y me ha dicho: Bástate mi gracia; porque mi poder se perfecciona en la debilidad. Por tanto, de buena gana me gloriaré más bien en mis debilidades, para que repose sobre mí el poder de Cristo.*
> *(2 Corintios 12:9, RVR1960)*

Para mí es maravilloso cuando Dios habla a través de su Palabra. Él puede darte la fuerza para alabarle con todo tu corazón sin importar tus circunstancias. Puedes poner tus oraciones en sus manos y dejar que te rodee con su paz y el conocimiento de su amor.

> *Por nada estéis afanosos, sino sean conocidas vuestras peticiones delante de Dios en toda oración y ruego, con acción de gracias. Y la paz de Dios, que sobrepasa todo*

entendimiento, guardará vuestros corazones y vuestros
pensamientos en Cristo Jesús.
(Filipenses 4:6-7, RVR1960)

No se trata de obtener lo que queremos cuando queremos. El tiempo es suyo. Vamos a alabarle aún en la tormenta.

EL TRATAMIENTO

Al borde de un milagro

Pensé llamarle a este capítulo «La batalla comienza», pero la verdad es que la batalla realmente comienza en el momento en que uno sabe que ha sido diagnosticado con cáncer. No se trata de solo una batalla para superar la dureza del tratamiento del cáncer de seno, sino que también, es una batalla de fe. No solo va a estar uno luchando con todos los efectos directos y asociados al tratamiento, sea el que sea (quimioterapia, cirugía, radiación), pero igualmente uno se encontrará luchando contra el miedo, la duda, la ansiedad, el aislamiento, el enojo, la culpa, la confusión, la angustia y tal vez la depresión y contra las mentiras de la desesperanza.

Cuando pienso en esos días, me doy cuenta de que yo estaba cada día al borde de un milagro. Dios estaba transformando todos mis temores y el caos dentro y alrededor de mí con su paz. Él estaba transformando mi oscuridad en luz. Él estaba llenando mi soledad con su presencia. Mi dolor y aflicción, Él los transformaba en alegría. En mi desnudez y vulnerabilidad, Él me vestía con su amor. Yo estaba viendo su mano sobre mí. Él me hacía capaz de caminar a través de las aguas. Yo estaba experimentando la intervención directa del poder de Dios en mi vida. Para mí eso era un milagro, un milagro que ocurría día tras día, tras día.

Valor… una definición, una actitud

Una definición común para el valor que uno encuentra en cualquier diccionario, es que el valor es la cualidad de la mente o el espíritu que permite a una persona hacerle frente a dificultades, al peligro o al dolor, sin miedo; valentía. Me gusta esa definición, pero no estoy de acuerdo con la parte que dice «sin miedo». Yo diría más bien que el valor es la capacidad de actuar a pesar de un miedo abrumador. Eso

Yo estaba decidida a ser una valerosa guerrera para enfrentar el cáncer, el miedo y la incertidumbre, viviendo cada momento y no quedarme sentada indefensa o sintiendo lástima por mí misma… Necesitaba transformar la manera en que me veía a mí misma. Esto era una batalla constante, una batalla de fe, una actitud.

significa que uno puede reconocer el miedo amedrentando, pero uno puede escoger ya sea que el miedo te controle o escoger la fe. Escoge la fe y practícala, y deja que la fe eche fuera el miedo. Dios te dará la fuerza para enfrentar tu situación y tomar acción.

Por lo tanto, yo estaba decidida a ser una valerosa guerrera para enfrentar el cáncer, el miedo y la incertidumbre, viviendo cada momento y no quedarme sentada indefensa o sintiendo lástima por mí misma. Yo tampoco quería que nadie sintiera lástima por mí. Necesitaba transformar la manera en que me veía a mí misma. Esto era una batalla constante, una batalla de fe, una actitud. Me ponía con determinación la armadura de Dios, Efesios 6:10-18, NVI:

La armadura de Dios

¹⁰ Por último, fortalézcanse con el gran poder del Señor. ¹¹ Pónganse toda la armadura de Dios para que puedan hacer frente a las artimañas del diablo. ¹² Porque nuestra lucha no es contra seres humanos, sino contra poderes, contra autoridades, contra potestades que dominan este mundo de tinieblas, contra fuerzas espirituales malignas en las regiones celestiales. ¹³ Por lo tanto, pónganse toda la armadura de Dios, para que cuando llegue el día malo puedan resistir hasta el fin con firmeza. ¹⁴ Manténganse firmes, ceñidos con el cinturón de la verdad, protegidos por la coraza de justicia, ¹⁵ y calzados con la disposición de proclamar el evangelio de la paz. ¹⁶ Además de todo esto, tomen el escudo de la fe, con el cual pueden apagar todas las flechas encendidas del maligno. ¹⁷ Tomen el casco de la salvación y la espada del Espíritu, que es la palabra de Dios. ¹⁸ Oren en el Espíritu en todo momento, con peticiones y ruegos. Manténganse alerta y perseveren en oración...

A veces, me sentía tentada de hacerle a Dios estas preguntas: «¿Por qué?», «¿Acaso es algo que yo hice?» Tienes que entender que no se trata de «¿por qué?». No se trata de lo que hiciste. Se trata de lo que puedes hacer. Es hora de luchar. ¡Es hora de creer! Mira lo que el Señor declara a continuación:

¹ Al pasar Jesús, vio a un hombre ciego de nacimiento. ² Y le preguntaron sus discípulos, diciendo: Rabí, ¿quién pecó, éste o sus padres, para que haya nacido ciego? ³ Respondió Jesús: No es que pecó éste, ni sus padres,

sino para que las obras de Dios se manifiesten en él.
(Juan 9:1-3, RVR1960)

¡Sé fuerte y valiente! ¡No tengas miedo ni te desanimes!
Porque el SEÑOR tu Dios te acompañará dondequiera que
vayas.
(Josué 1:9, NVI)
Porque yo sé muy bien los planes que tengo para ustedes —
afirma el SEÑOR—, planes de bienestar y no de calamidad, a
fin de darles un futuro y una esperanza. Entonces ustedes me
invocarán, y vendrán a suplicarme, y yo los escucharé.
(Jeremías 29:11-12, NVI)

Es difícil de describir, pero muchas veces me encontré envuelta en una niebla muy densa. En esos momentos, me agarraba al manto de mi Señor. Sin demora, su abrazo me sostenía. Tenía a Proverbios 3:5-6 (RVR1960) en mi corazón cada día:

Fíate de Jehová de todo tu corazón, y no te apoyes en tu
propia prudencia. Reconócelo en todos tus caminos, y él
enderezará tus veredas.

Entonces me daba cuenta de que no se trataba de entender o no la situación. No se trataba de lo que uno sabe, sino a *quién* uno conoce. Mi confianza estaba en el Señor; yo me apoyaba en él.

«Porque mis pensamientos no son los de ustedes,
ni sus caminos son los míos,—afirma el Señor—.
Mis caminos y mis pensamientos
son más altos que los de ustedes;
¡más altos que los cielos sobre la tierra!
(Isaías 55:8-9, NVI)

No temas, porque yo estoy contigo;
no desmayes, porque yo soy tu Dios que te esfuerzo;
siempre te ayudaré, siempre te sustentaré con la diestra de mi
justicia.
(Isaías 41:10, RVR1960)

Mi proveedor, mi sostén

Desde que nos casamos, mi esposo y yo teníamos trabajos de tiempo completo. Mientras estábamos en la universidad el trabajo a tiempo completo en aquel entonces era estudiar. Luego de graduarnos de la universidad comenzamos trabajos a tiempo completo. Dios luego nos bendijo con dos hijos maravillosos y nuestros trabajos proporcionaban una sensación de seguridad o «colchón financiero»… un salario, plan de salud, entre otros.

Cuando me diagnosticaron con cáncer de seno, tenía acumulada una reserva bastante razonable de días de enfermedad para usar. Sin embargo, no era eterna. A medida que pasaban los días y yo no podía ir al trabajo esa reserva se iba agotando. Esto era bien preocupante pues si agotaba toda mi reserva de enfermedad y vacaciones, iba a quedarme sin sueldo y luego no iba a poder pagar el seguro médico. De ser ese el caso, iba a tener que solicitar entrar a un programa especial para personas necesitando donación de vacaciones para mitigar emergencias familiares o de salud. A través de este programa, de recibir donaciones de horas, iba a poder recibir mi salario y continuar pagando mi prima de seguro médico. Tendría que dependender de donaciones y de alguna manera notificarle a las personas que estaba en el programa… incertidumbre total.

Teníamos algunos ahorros de emergencia, pero estos ya estaban recibiendo un fuerte impacto debido a los constantes gastos médicos. El cáncer también estaba afectando el trabajo de Ángel. Él estaba cuidando de mí, llevándome a las citas médicas cuando yo no podía conducir, y cuando él estaba en la oficina, estaba básicamente «de guardia» con el teléfono en mano en caso de que yo tuviese una emergencia. Él había estado en ese trabajo por menos de un año y con esta situación, ninguno de los dos sabía si ese trabajo iba a durar.

También me preocupaba por mis hijos, por Ángel, por nuestra relación. Demasiadas cosas se seguían apilando una encima de otra sin una solución clara para estas. Yo trataba de vivir un día a la vez, pero era sumamente difícil no agobiarse ante la preocupación.

Fue entonces cuando más necesitaba de Dios, Él me dirigió a un pasaje de la Biblia en Mateo 6:19-34 (NVI). Era un pasaje que yo conocía muy bien, pero uno nunca termina de leer la Palabra de Dios porque siempre te habla de diferentes maneras en diferentes momentos.

¹⁹ No acumulen para sí tesoros en la tierra, donde la polilla y el óxido destruyen, y donde los ladrones se meten a robar. ²⁰ Más bien, acumulen para sí tesoros en el cielo, donde ni la polilla ni el óxido carcomen, ni los ladrones se meten a robar. ²¹ Porque donde esté tu tesoro, allí estará también tu corazón... ²⁵ Por eso les digo: No se preocupen por su vida, qué comerán o beberán; ni por su cuerpo, cómo se vestirán. ¿No tiene la vida más valor que la comida, y el cuerpo más que la ropa? ²⁶ Fíjense en las aves del cielo: no siembran ni cosechan ni almacenan en graneros; sin embargo, el Padre celestial las alimenta. ¿No valen ustedes mucho más que ellas? ²⁷ ¿Quién de ustedes, por mucho que se preocupe, puede añadir una sola hora al curso de su vida?... ³¹ Así que no se preocupen diciendo: '¿Qué comeremos?' o '¿Qué beberemos?' o '¿Con qué nos vestiremos?' ³² Porque los paganos andan tras todas estas cosas, y el Padre celestial sabe que ustedes las necesitan. ³³ Más bien, busquen primeramente el reino de Dios y su justicia, y todas estas cosas les serán añadidas. ³⁴ Por lo tanto, no se angustien por el mañana, el cual tendrá sus propios afanes. Cada día tiene ya sus problemas.

El hogar, las finanzas, los seguros, el trabajo y el resto de las cosas que me preocupaban eran cosas poco fiables y temporales. No importaba lo que sucediera, Dios era nuestro sostén. El salmo 23 también estaba en mi corazón, cada verso resonando con mi situación.

—Dios provee. Él es mi único sostén. Así que en Él descansaré.

Mi familia estaba en sus manos, mis hijos estaban en sus manos; Él cuidaba de ellos. ¡No hay mejores manos que las del Señor para sostenerlos! Él cuidaba de mí. No podría añadir otra hora más de vida preocupándome. No podía poner mi confianza en un «colchón» provisional; tuve que dejar de aferrarme a eso. Tuve que dejar de aferrarme a mis hijos y mi esposo para liberarme del

Tuve que dejar de aferrarme a mis hijos y mi esposo para liberarme del miedo a la pérdida y así evitar la frustración de no tener control de la situación.

miedo a la pérdida y así evitar la frustración de no tener control de la situación.

—No se trata de lo que yo conozco, sino a quién conozco. Dios proveerá —me repetía a mí misma.

Este entendimiento me dio la paz que necesitaba y la fuerza para luchar. Me dio la certeza de decirles a mis hijos que no se preocuparan porque Dios conoce nuestras necesidades, que Él ve cosas que nosotros no vemos y que Él cuida de nosotros.

—Padre, dirígeme a través de este proceso —oré.

Qué preciosos son tus pensamientos acerca de mí, oh Dios.
¡No se pueden enumerar! Ni siquiera puedo contarlos;
¡suman más que los granos de la arena!
Y cuando despierto, ¡todavía estás conmigo!
(Salmos 139:17-18, NTV)

Las cirugías

Yo esperaba que mi primera cirugía —la lumpectomía— removiera ese tumor canceroso de mi cuerpo. No recuerdo mucho de ese día. Recuerdo la espera con mis hijos y mi esposo, y luego el despertar en la sala de recuperación. Después de la cirugía, mientras despertaba de la anestesia, me sentía un poco adolorida. Recuerdo también una voz muy dulce y afable diciendo «Oh, ya se está despertando. Voy a buscar a tu esposo y a los niños». Esa dulce voz me dijo un par de cosas más, eso creo, pero no recuerdo con exactitud. Había luz, pero casi todo estaba borroso.

Sentí la voz de mi esposo y la de mis pequeños saludándome. Con el tiempo, me di cuenta que esa dulce voz que escuché al despertar era de una de mis enfermeras. Ella hablaba con mis hijos y con mi esposo de que también ella era una guerrera contra el cáncer. Ella estaba recibiendo tratamiento. Estaba haciendo chistes con nosotros sobre su peluca y su apariencia. En un momento hasta se quitó su peluca. Entre chistes y risas, ella me estaba mostrando que toda esta situación no era solamente sobre el cáncer, era cuestión de actitud y de mantener mi perspectiva.

Con su actitud, ella me estaba afirmando que todo esto era temporal, que esto era solo una etapa, una fase. Todavía me estaba recuperando, despertando de la anestesia. Yo estaba empezando a sentir un poco más el dolor por la cirugía. Algunas cosas todavía no estaban claras. Pero una cosa recuerdo claramente... su sonrisa espléndida y a mis niños riendo con ella.

> Entre chistes y risas, ella me estaba mostrando que toda esta situación no era solamente sobre el cáncer, era cuestión de actitud y de mantener mi perspectiva.

¡Cuán maravilloso es Dios de haberla puesto en nuestro camino ese día!

Preparándome para la segunda cirugía

Poco después de la primera cirugía, mi doctora discutió los resultados patológicos conmigo. Los márgenes reflejaron células cancerosas, lo que significaba que ya el cáncer había comenzado a colonizar el tejido alrededor del tumor. Sabiendo que tenía un cáncer bien agresivo y que ya había comenzado a hacer metástasis a mis nódulos linfáticos, yo no quería esperar para hacerme el resto de los estudios de imágenes. Todo lo que quedaba pendiente en ese entonces, era el resultado de la prueba genética de BRCA1 y BRCA2.

El resultado de la prueba genética BRCA nos iba a dar una mejor idea para decidir entre removerme uno seno o ambos senos, y los ovarios para reducir la posibilidad de recurrencia del cáncer. Luego de casi tres semanas, el resultado llegó negativo. ¡Eso sí fueron buenas noticias!

Como parte de próximo paso, no solo tenía que considerar cómo deshacerme del cáncer, sino también las alternativas de tratamiento para minimizar el riesgo de recurrencia —tratamiento adyuvante—. Tomé algunas semanas para pensar en los últimos resultados y hacer mi investigación en Internet y así formular más preguntas para discutir con la doctora.

Yo estaba convencida del paso que quería tomar, pero yo quería primero discutirlo con Ángel. Una de las cosas que me dijo fue que no importaba lo que él pensaba, él no se iba a sentir cómodo sugiriéndome qué hacer o no con mi cuerpo. Luego añadió que él estaba casado conmigo y no con mis senos. Él me aseguró que no importaba lo que yo decidiera, si mantener un seno o deshacerme de los dos, si tener implantes o no, que él iba a estar a mi lado. Me dijo:

—Tú eres tú. Tú no eres tus senos o cómo te ves.

Le dije lo que yo quería hacer. Nos abrazamos. Me dijo que si yo estaba haciendo eso para aumentar mis posibilidades de supervivencia, él se alegraba porque él quería estar conmigo por muchos años más. Compartimos algunas lágrimas y luego añadió:

—¡No olvides recordármelo antes de la cirugía, para que yo las despida con un buen beso! —Entonces compartimos una buena carcajada.

Llegó el momento para discutir con la oncóloga mis opciones. La doctora Kazhdan me daba toda la información necesaria para yo manejar confiadamente todo ese proceso de toma de decisiones, pero la decisión final era mía. Según he leído, antes esto no era así. Esto es evidencia de los tantos avances en el tratamiento del cáncer de seno en años recientes.

—Así que Sra. Rivera… ¿Qué es lo que has decidido? —preguntó la doctora Kazhdan.

—Decidí proceder con una mastectomía. —Esto fue difícil de decir.

—¿El lado izquierdo o ambos senos? —me preguntó otra vez.

—Ambos —le contesté. Esta respuesta fue aún más difícil que la primera.

Entonces ella me abrazó. La doctora Kazhdan nunca dudaría en darle a uno un abrazo. De alguna manera ella siempre tenía una hermosa sonrisa y una cajita mágica llena de cumplidos para cada paciente. Tenía el tipo de voz que te hace sentir su presencia encantadora desde el pasillo, y uno sonríe porque sabe que pronto uno recibirá de gratis abrazos, sonrisas y un montón de cumplidos.

Le dije que debido a la posibilidad de recibir radiación luego de la quimioterapia, mi cirujano plástico recomendaba que me hiciera una reconstrucción postergada para evitar dañar los implantes. Por lo tanto, decidí optar por usar expansores de tejido mamario[1] temporales que se colocarían al momento de la mastectomía. Mi doctora iba a coordinar la próxima cirugía tanto con el cirujano general y el cirujano plástico. Quería tener la cirugía lo más pronto posible y una vez recuperada de la mastectomía, iniciar la quimioterapia.

Mi oración durante esos días cuando me preparaba para la mastectomía era:

—Señor, tómame en tus manos, mantenme a salvo ahí. Que estés allí en esa sala con todos los cirujanos y médicos. Dirígelos en sabiduría. Aunque esté dormida, fortalece mi alma y espíritu. Mi adoración y mi alabanza sean al Dios de mi vida. No importa dónde me encuentre, tú estarás conmigo.

También le daba gracias a Dios por su presencia y porque Él era «más grande que el cuco, más grande que Godzilla y que cualquier monstruo de la tele».

El desafío emocional

Esas semanas poco después de la mastectomía fueron muy difíciles. Me dieron un aparato para hacer ejercicios de respiración varias veces al día. También tenía que hacer regularmente un ejercicio con los brazos para recuperar la movilidad. Cada rato me fatigaba y trataba de recuperar el aliento. Era difícil dormir. No era fácil encontrar una posición cómoda ya fuera por el dolor o por los tubos de drenaje quirúrgicos que todavía tenía insertados. ¡No podía esperar a que me removieran esos tubos de drenaje! Tampoco quería usar de manera excesiva la medicación fuerte para el dolor. Yo no quería sentirme dependiente de ella, pero había algunos días que no tenía otra opción. Mis padres vinieron de Puerto Rico a ayudarnos por un tiempo, pero luego tuvieron que regresar.

Las cirugías

La recuperación fue lenta. Tenía que ejercitar mucho la paciencia. Era difícil incluso vestirme por el movimiento limitado de mis brazos luego de la cirugía. Yo no estaba preparada para eso. Todos los días y las semanas en las que yo no era capaz de hacer mucho, Ángel me estaba ayudando día y noche. A veces me preocupaba por él. «¿Se irá a cansar?» —pensaba. Entonces oraba por él, para que Dios lo llenara de fortaleza y paz. Él preparaba a los nenes para que estuvieran listos por la mañana, hacía el desayuno, básicamente se encargaba de todas las tareas de la casa, de los niños, de él y de mí, todo al mismo tiempo. Él también estaba haciendo el almuerzo y la cena durante los fines de semana o compraba la comida si se cansaba de la cocina. Él salía a hacer la compra, hacía las diligencias para el mantenimiento de los autos, tenía su trabajo, me llevaba a casi todas las citas médicas, e incluso trabajaba a veces por las noches para completar los proyectos de su trabajo que no pudo completar durante el día. Él ya se estaba tomando una gran cantidad de horas de su trabajo para ayudarme. Temía que esto ya le estuviera afectando en su trabajo en el que había comenzado hacía menos de un año. Me preocupaba cuánto más él iba a poder soportar toda esa situación.

Me sentía frustrada muchas veces porque no podía ayudar con las tareas diarias de la casa: cocinar, lavar la ropa, hacer la compra —y yo quería ayudar—. Cuando trataba de ayudar, no había mucho que pudiera hacer sin fatigarme. Me preguntaba, «¿Cuándo voy a ser capaz de trabajar…de hacer cosas en la casa, de conducir, de cocinar y de cargar cosas sin que sean demasiado pesadas para manejar? —¡Ni siquiera podía sacar el galón de leche fuera de la nevera!— ¿Cuándo podré ser útil de nuevo o productiva?».

Estaba consciente de que la «señora Depresión» estaba al acecho. Me di cuenta de que no estaba siendo justa conmigo misma al pensar esas cosas, pero de todos modos eso no ayudaba. Me sentía tan inútil de vez en cuando…como mamá… como esposa. Estábamos abrumados por las cosas del día a día… ¡Y ni siquiera había comenzado la quimioterapia! Ángel estaba haciendo demasiado en la casa, trataba de mantener a los nenes ocupados haciendo algo y un poco alejados de mí para para que me dejaran descansar. Muchas veces sentía que todos en la casa estaban entretenidos haciendo algo, que todos ellos seguían adelante sin mí y no podía evitar sentirme aislada. No podía dejar de preguntarme si Ángel se iba a cansar de todo esto y me preocupaba por el impacto que esto pudiera tener en nuestra relación.

Una cosa que he aprendido a través de mis años de matrimonio es que una relación, uno es responsable no solo de lo que uno dice, sino también de lo que uno supone y no comparte. Estábamos pasando ya por tantas dificultades. Por eso era tan importante el comunicarnos en todo, de hablar de los temores de cada uno con honestidad sin importar lo incómodo que pudiera ser. Decidí compartir mis pensamientos y sentimientos de impotencia y frustración con Ángel.

Le dije con tristeza lo inútil que me sentía y lo mucho que me preocupaba por él y por nuestra relación. Él me cubrió los labios y me dijo:

—Espera un momento. Yo estoy aquí. Sé fuerte. Tienes que descansar para poder batallar. Yo estoy batallando contigo. Dios es nuestra fortaleza. Él proveerá —dijo firmemente.

—Sí, lo sé. Así es. Dios proveerá —respondí.

Ángel me dijo que sabía que esta situación era temporal y que Dios le estaba dando la fuerza para pelear junto a mí. Me recordó cómo yo cuidé de él durante unos cuatro meses, cuando él tuvo un accidente que lo dejó sin poder caminar, y que ahora era su turno. Él me dijo que no me abandonaría ni se alejaría de mí. Me aclaró que mi salud era más importante que su trabajo y que si algo sucedía, Dios iba a proveer.

Para evitar sentirme aislada, acordamos que si yo quería un poco de espacio, que yo iba a pedirlo y que él no volvería a asumir que los nenes pudieran lastimarme accidentalmente jugando a mi alrededor. Le dije que necesitaba ver a los nenes corriendo y saltando a mi alrededor, y que yo iba a enseñarles a tener cuidado cuando estuvieran cerca de «Mamá». Yo pedí que me dejara por lo menos ayudar en cosas pequeñas, como clasificando la ropa después de

Queríamos mostrarles a nuestros hijos un mundo mejor y la importancia de cuidar por cada uno. Todos nos íbamos a comprometer a afrontar la tarea que tuviéramos por delante, comunicándonos, ayudándonos, y hasta dejando las tareas de la casa sin hacer para dedicar tiempo para estar juntos.

lavada para sentirme útil. Acordamos que íbamos a buscar la manera de resolver las cosas juntos, paso a paso.

Luego nos dimos un abrazo. Reconocí mi debilidad y enfrenté mis temores. Tenía que ser honesta conmigo misma y ponerme en las manos de Dios para que su poder pudiera brillar en mí. Me reafirmaba a mí misma:

«Dios me ayudará con todo esto… ¡Así es! Él nos llevará en sus brazos a través de todo esto».

Queríamos mostrarles a nuestros hijos un mundo mejor y la importancia de cuidar por cada uno. Todos nos íbamos a comprometer a afrontar la tarea que tuviéramos por delante, comunicándonos, ayudándonos, y hasta dejando las tareas de la casa sin hacer para dedicar tiempo para estar juntos.

La tercera cirugía

La tercera intervención fue una cirugía menor. Yo iba a tener un catéter tipo reservorio («infusion port») implantado cerca de la clavícula que iba a utilizar para la quimioterapia. Este catéter tipo reservorio consiste de un pequeño disco que está unido a un catéter de silicona flexible que se conecta a una de las venas principales para el acceso intravenoso prolongado. Ese catéter se puede usar por meses y me iba a salvar de muchos pinchazos en los brazos.

A pesar de que esta iba a ser una cirugía menor, yo estaba ansiosa. La idea de lo desconocido y de enfrentar la quimioterapia me hacía sentir incómoda. Mi oncóloga nos había ofrecido a mi esposo y a mí una orientación de la quimioterapia para aprender sobre el tratamiento y de los medicamentos que iba a tomar —sobre los efectos secundarios y cómo manejarlos—. Como parte de la orientación, Amber, una de las enfermeras, nos llevó a conocer la clínica. Visitamos el laboratorio, la sala de infusión y nos presentó el personal de allí. Ella nos dio varios folletos de información para leer y un libro de nutrición para ayudarme a lidiar con los efectos secundarios de la quimioterapia. Toda la información nos ayudó a minimizar la ansiedad, pero a pesar de eso, a medida que los días se acercaban a mi primera sesión de quimioterapia, me estaba poniendo cada vez más nerviosa.

Para mi sorpresa, la enfermera que estaba en la sala de recuperación durante mi primera cirugía estaba allí en la sala de preparación ese día. Mi esposo fue el que la reconoció y la llamó para hacerle saber que la recordábamos y que guardábamos con cariño la memoria que teníamos de ella. Ella se detuvo junto a mi cama —de nuevo con una gran sonrisa— y me compartió la noticia de que en una semana ya iba a terminar su quimio. Cosa curiosa, yo estaba preparándome para la mía. En el momento en que nos conocimos, yo ni sabía que iba a tener que ir a través de quimioterapia, pues todavía no teníamos los resultados de la biopsia del ganglio linfático centinela. Le hablé de la mastectomía y sobre todos los acontecimientos después de aquella primera cirugía y que me iba a poner el catéter de infusión ese día.

Yo creo que ella vio en mis ojos alguna incertidumbre de lo que estaba por venir, pero también esperanza. Me dio un gran y largo abrazo.

—Yo sé lo que estás sintiendo. Todo va a estar bien. Mantente ahí luchando —ella dijo—. Oh... te ves hermosa —añadió junto con su abrazo.

También le dio otro fuerte abrazo a Ángel y luego se fue. Yo estaba pues en la cama, todavía en la sala de preparación, con la cortina cerrada y sola con mis pensamientos por un rato. Ángel regresó, me besó y me dijo: «El anestesiólogo está por venir».

Después de eso, vino la sonrisa del anestesiólogo... la explicación sobre la anestesia... luego mis pensamientos nuevamente, y la administración de la anestesia. Yo estaba repitiendo el salmo 23 en mi mente. Recuerdo la luz, algún movimiento, una sutil sonrisa en mis ojos para Ángel... y luego, me «apagué».

Carpe Diem

Una vez vi una película, «La sociedad de los poetas muertos» («Dead Poets Society», en inglés), en la que un profesor inspira a sus estudiantes explicándoles la frase «carpe diem». Esta frase del latín es comúnmente traducida como «aprovecha el día», «vive el momento», o «cosecha el día de hoy». El significado de esa frase estuvo conmigo durante mi camino a través de la lucha contra el cáncer.

En lugar de preocuparme por mis hijos, por su futuro, por la incertidumbre a mi alrededor, preferí escoger disfrutar la vida y valorar cada momento con ellos. Encontraba inspiración meditando en las muchas bendiciones que Dios me había concedido. Comencé a ver a mis hijos como de Dios y no míos. Ellos eran un regalo para mí, una bendición frágil para educar en amor, para amar y para guiar. El meditar en las muchas bendiciones que Dios me había dado, me ayudó a sonreír al recordar los muchos momentos de nuestras vidas juntos que yo había registrado en una libreta varios años antes. Cada vez que me sentía triste o decaída, tomaba esa libreta y leía. Esas anécdotas cortas y simples me impartieron alegría y me nutrieron durante mi batalla contra el cáncer. Esos viejos relatos los comparto con el lector en secciones tituladas: «Recordando». La lectura de esos viejos relatos me dio otra motivación; comencé a escribir nuevamente. Al escribir descubrí un valor dentro de mí, un poder más allá de mi comprensión que me mantenía en marcha, un fuego que me dio la fuerza de batallar con el dolor, el miedo, la duda, la ansiedad, el aislamiento, la ira, la culpa, la confusión, la angustia y la desesperanza. Los pensamientos que escribía durante mi camino a través del cáncer, los presento en secciones tituladas: «Desde mi diario». No tenía nada que ofrecerle a mi Señor, tan solo la alegría de las bendiciones que Él mismo me había concedido. El cáncer no iba a interponerse en mi camino para vivir el momento.

Recordando

Veo a los nenes jugando juntos o teniendo una conversación, y recuerdo un día cuando Gabriel tenía 4 años. Él le preguntó a Alejandro: «Ale, ¿verdad que tú eres mi amigo? ¿Verdad que sí?».

Para él era tan importante que Alejandro fuera su amigo y no solamente su hermano. ¡Le doy gracias a Dios por ellos!

Desde mi diario

—Mamá. ¿Cuándo vas a volver a poder hacer cosas otra vez? —Alejandro me preguntó.

—Bueno, esta mañana te pude llevar a un cumpleaños aunque todavía tengo estos incómodos tubos de drenaje de la cirugía pegados. Pienso que ya me estoy poniendo mejor. Pero, ¿qué es lo que quieres hacer?

—Sería nítido si pudiéramos ir a la piscina, como el otro día. Allí tú podrías tomar un poquito de sol, si quieres. Nos puedes velar desde afuera. Yo cuido a Gabriel y no lo voy a dejar ir a lo hondo —él me contesta.

—No te prometo nada, pero busca tu traje de baño y dos toallas. Dile a Gabriel también. Estén listos. Tan pronto me sienta mejor, iremos.

Descansé un poco. Luego de un rato, me asomé por la ventana y el día todavía estaba demasiado perfecto como para no disfrutarlo. Aún me estaba sintiendo un poco adolorida. Pensé que la vitamina D, según la investigación científica, es buena para combatir el cáncer de seno. ¡Así que vitamina D es lo que vamos a tomar con un poco de sol!

—¡Vamos para la piscina! —dije en voz alta—. ¿Están listos?

— ¡Wuujuu! —Escuché a los nenes celebrando.

Desde mi diario

Yo solía quedarme en casa con los nenes durante su día de cumpleaños cuando eran más para mostrarles que ellos eran importantes para mí. En ese día, programaba algo divertido para hacer juntos.

Un día, me quedé en casa con ambos para celebrar el cuarto cumpleaños de Gabriel. Llené cada rincón de su carita con besos. Luego, les anuncié que íbamos a «Toys R Us» para buscar un regalo para Gabriel y alguna sorpresita para Alejandro. Esta declaración me valió un montón de abrazos añadidos a los que ya había recibido por quedarme con ellos.

¡Gracias Señor por esa memoria! Ese tipo de recuerdos me inspiran y me dan la motivación para seguir luchando.

> ### *Desde mi diario*
> Testigo de otro día
>
> Otro lirio abrió hoy. ¡Y yo fui testigo de ello!

«Carpe diem» no significa saltar de un avión con un paracaídas o brincar desde un puente con una soga elástica en los pies. Esto no significa que uno tiene que dejar sus inhibiciones y hacer algo arriesgado. Se trata de apreciar y valorar las cosas simples que te rodean y tomar las riendas, con gozo y satisfacción, de las cosas que importan. ¿Qué te inspira? ¿Qué toca tu corazón?

La quimio comienza

«Sigue respirando... Un paso a la vez».

Al leer acerca de la quimioterapia[1], lo primero que se aprende es que el objetivo de la quimioterapia es destruir las células cancerosas que se dividen rápidamente. A medida que la quimioterapia aniquila las células de rápido crecimiento, puede dañar también las células sanas de rápido crecimiento. En la orientación de la quimioterapia y leyendo, aprendí que el daño a las células sanas se iba a reflejar en efectos secundarios como anemia, fatiga y riesgo de infecciones. Esas eran algunas de las razones por las que iba yo a ser monitoreada constantemente durante el tratamiento.

La quimioterapia también puede dañar las células asociadas a las membranas mucosas por todo el cuerpo, por ejemplo la boca, la garganta y el estómago. Algunos efectos secundarios típicos pueden ser llagas o úlceras en la boca, diarrea y otros problemas con el sistema digestivo. Me dieron una lista larga de medicamentos para contrarrestar y ayudarme a soportar los efectos. Es importante que entiendas que el tratamiento contra el cáncer no es el mismo para todos los pacientes de cáncer. Lo mismo aplica a la quimioterapia. No todas las quimioterapias son iguales para un mismo cáncer. Hay muchas variables envueltas. No es mi intención discutir científicamente cómo funciona la quimioterapia o sus efectos secundarios. Me limitaré a contarles acerca de mi experiencia con la quimio y sobre mi camino a través del tratamiento.

El encuentro cercano

Llegó el día de empezar mi primera sesión de quimioterapia. Aunque yo estaba mentalmente preparada para comenzar la quimio, estaba muy preocupada ese día. Había oído tantas historias malas de la quimioterapia por lo que trataba de «apagar» todo eso que había escuchado y enfocarme mejor en estar bien y fuerte. Había leído todos los folletos que me dieron sobre el tratamiento. Ya había visto la sala de infusión y el laboratorio. Yo había preparado mi alacena en la casa con algunos de los ingredientes que serían útiles tener, pues había estudiado el libro que la doctora también me dio sobre preparar recetas de comida: «Eating Well Through Cancer»[2]. Me estaba preparando física y mentalmente. Sin embargo, yo no podía dejar de sentirme nerviosa por todo lo que estaba sucediendo.

La quimio comienza

Tan pronto como llegamos, Dorothy, la recepcionista, nos saludó a Ángel y a mí. Nos sentamos en la sala de espera que tenía un ambiente hogareño. Mientras hablaba con Dorothy, mi nerviosismo comenzó a disminuir. Luego de una corta espera la Dra. Kazhdan se aproximó y nos dijo que ya era hora de entrar.

La doctora nos recibió con su característica gran sonrisa y abrazo. Amber, la enfermera que nos proporcionó la orientación de quimioterapia a los dos, nos saludó de la misma manera. Ella me presentó de nuevo a la otra enfermera, Elizabeth, que iba a revisar mi catéter tipo reservorio recientemente implantado. Elizabeth examinó el catéter y lo declaró «bello». Sacó una muestra sangre por mi «bello» catéter y en unos 20 minutos más o menos me dijo que estaba lista. ¿Lista? Supongo que estaba lista. Me dijo que tomara mi medicamento contra las náuseas.

Las dos enfermeras, Amber y Elizabeth, estaban encargándose de todos los pacientes en aquella sala de infusión con mucha atención y cariño. Ambas estaban haciendo tantas cosas a la vez y parecían amar lo que estaban haciendo. No parecían molestas por todas las alarmas de los equipos de infusión chillando cada rato. Con paciencia y un poco de sentido del humor ellas se ocupaban de todo lo que allí ocurría. Quizás para ellas, ellas simplemente estaban haciendo su trabajo con dedicación. Para mí, ellas estaban haciendo la diferencia. Su dedicación, su atención, su tiempo, su cariño, hicieron la diferencia para mí. En lugar de estar aterrorizada, me hicieron sentir tranquila, confiada y mimada. Sentí que estaba en buenas manos. Sentí que tanto Amber y Elizabeth, se preocupaban por mí como persona, no solo como un paciente más. Amber me había sentado en un sillón reclinable eléctrico muy cómodo y luego se fue a preparar mi «cóctel» de la quimio.

Me senté en el reclinable y jugué con las funciones de la silla a la vez que me reía con mi esposo. Movía la silla para arriba y para abajo, hacia adelante y hacia atrás… Simplemente me estaba haciendo la graciosa, tal vez para disipar mi nerviosismo. Ángel se estaba riendo de mis locuras. Escuché a Elizabeth decir:

—¡Ajá! ¡Alguien está jugando con la silla! —dijo sonriendo.

¡Ups! Me pescó. Luego Amber se acercó con la medicación y me explicó cuidadosamente cada uno de los pasos. Primero ella iba a darme una infusión de una medicación para prepararme para la quimio y sus efectos secundarios. Inmediatamente después, iba a recibir la quimioterapia. Mi deber era quedarme relajada y dejarle saber si sentía alguna sensación extraña. La infusión comenzó.

Los pensamientos comenzaron a invadirme. Me preguntaba «¿Por cuánto tiempo podría estar sin ser capaz de ir a trabajar? ¿Cuánto iba a durar recibiendo mi sueldo al agotar mis días acumulados de enfermedad y vacaciones sin tener que estar en licencia sin sueldo?». Ya había gastado un par de semanas debido a las citas médicas, cirugías anteriores y la recuperación. Todo estaba tan borroso, como si yo fuera a entrar en un camino lleno de una densa niebla. Yo llevaba conmigo un libro para leer para así pensar en otra cosa. Sin embargo, era difícil concentrarme en él. Traté de descansar y me recordé a mí misma seguir respirando... «Yilda, un paso a la vez».

Después que dejamos la clínica, caminamos lentamente hacia el auto. Una vez allí, al poner el motor en marcha, Ángel me miraba como tratando de leer mis ojos para ver cómo me sentía, y me sonrió. Yo le contesté débilmente con otra sonrisa. Encendí la radio en la estación «K-LOVE» y durante el camino a casa, empezaron a tocar la canción «You Never Let Go» (Nunca me sueltas), cantada por Matt Redman. Al escuchar esa canción, me aferraba firmemente a cada palabra. Aunque estuviese sumergida por el caos, mi Señor me sostenía firmemente. Mi mundo daba vueltas a mi alrededor pero yo sabía que Dios estaba en control. Esa canción me ministró en esa situación y aún más allá, y me recordó Isaías 41:13, NVI:

> *Porque yo soy el Señor, tu Dios, que sostiene tu mano*
> *derecha; yo soy quien te dice: «No temas, yo te ayudaré».*

Mientras escuchaba la canción, le daba gracias al Señor porque su amor era más grande que mi situación. Él me sostenía de la mano y no me iba a soltar.

En el valle de sombras... Una actitud ante la dificultad

Cuando nos enfrentamos a situaciones difíciles, nos podríamos preguntar «¿por qué?» y golpear nuestra cabeza contra la pared, o en su lugar, pudiéramos tratar de ver esas situaciones como una manera de ejercer la fe y crecer en el conocimiento de la gracia del Señor. Sea cual sea tu lucha o la tormenta que puedas estar enfrentando, el Señor en su gracia tiene promesas para ti.

⁷ Pero tenemos este tesoro en vasos de barro, para que la excelencia del poder sea de Dios, y no de nosotros, ⁸ que estamos atribulados en todo, mas no angustiados; en apuros, mas no desesperados; ⁹ perseguidos, mas no desamparados; derribados, pero no destruidos; ¹⁰ llevando en el cuerpo siempre por todas partes la muerte de Jesús, para que también la vida de Jesús se manifieste en nuestros cuerpos... ¹⁶ Por tanto, no desmayamos; antes aunque este nuestro hombre exterior se va desgastando, el interior no obstante se renueva de día en día.
¹⁷ Porque esta leve tribulación momentánea produce en nosotros un cada vez más excelente y eterno peso de gloria;
(2 Corintios 4:7-17, RVR1960)

Cuando leía estos versos oraba: «Señor dame entendimiento para comprender tu Palabra y reconocer cuando hables a mi alma. Al recibirte a ti, recibo tu vida. Enséñame a entender el propósito de cualquier tormenta o viento recio en mi vida, de modo que en vez de evitar la tempestad, decida yo llevar con alegría la certeza de que junto con tu vida, voy a experimentar en crecimiento tu poder renovador a través de esa situación».

Entonces invocarás, y te oirá Jehová; clamarás, y dirá él:
Heme aquí...
(Isaías 58:9, RVR1995)

No puedo contar todas las veces que le pedí al Señor que me guiara, que me diera fuerzas. Y en el medio del valle de sombras, entonces Él respondía maravillosamente:

⁴ Me llevó a la casa del banquete, Y su bandera sobre mí fue amor. ⁶ Su izquierda esté debajo de mi cabeza, Y su derecha me abrace.
(Cantares 2:4, 6; RVR1960)

—Gracias Señor por la certeza de tu presencia. Guarda mi corazón y mi mente de la ansiedad... Dirige mis pasos.

Yo escribí anteriormente que en mi batalla contra el cáncer, la fe era mi escudo, la palabra de Dios era mi espada y que la oración era mi alimento.

Muchas veces cuando estaba en oración, era como una conversación. Dios me sostenía a través de su Palabra.

La Palabra de Dios aún está hablando. Siente la belleza de su amor que te rodea... que llena cada espacio y rincón. En medio del viento seco que golpeaba mi rostro, yo caía en mis rodillas y oraba:

—Gracias Señor porque aunque me sienta insuficiente, frustrada o agobiada por mis circunstancias, tu amor me acurruca, me alimenta y me sostiene.

> *Cuando pases por las aguas, yo estaré contigo; y si por los*
> *ríos, no te anegarán. Cuando pases por el fuego, no te*
> *quemarás, ni la llama arderá en ti.*
> *(Isaías 43:2, RVR1995)*

En el medio de la tormenta, me mantenía agarrándome de las promesas de Dios. Aférrate a su Palabra. Búscale con todo tu corazón, con tu alma y con tu mente... y hallarás.

—Si hay tormenta alrededor de mí, Señor, muéstrame tu paz y sostenme en ella.

> *⁶ Por nada estéis afanosos, sino*
> *sean conocidas vuestras peticiones delante de Dios*
> *en toda oración y ruego, con acción de gracias.*
> *7 Y la paz de Dios, que sobrepasa todo entendimiento,*
> *guardará vuestros corazones y vuestros pensamientos en*
> *Cristo Jesús.*
> *(Filipenses 4:6-7, RVR1960)*

La batalla continúa

Los efectos secundarios de la quimio se sintieron de inmediato. Cada vez que iba para tratamiento, el médico me daba medicación alterna para lidiar con los efectos secundarios. Nunca antes había tenido que llevar conmigo una bolsa llena de medicamentos. Cada uno de ellos tenía un propósito y un orden específico para tomarlos. Me dijeron que el beber alrededor de 64 onzas de líquidos sin cafeína al día me ayudaría, entre otras cosas, a reducir la fatiga y la deshidratación. Me dieron una pasta dental y enjuague bucal especial para evitar úlceras en la boca.

Yo pensé que estaba razonablemente en forma para tolerar el tratamiento debido a todas las actividades atléticas y los deportes que solía practicar junto con mis niños. Antes del cáncer, practicaba fútbol, tenis y también estaba tomando clases de artes marciales. Pensé que todo eso iba a ayudarme de alguna manera a lidiar con los efectos secundarios de la quimio. Resultó que mi cuerpo no tenía otra opción, sino solamente ceder ante el azote. Estaba tan debilitada que a veces apenas podía levantar la cabeza. La energía simplemente, no estaba allí. A pesar de eso, yo estaba muy dispuesta a cumplir con todas mis citas, mantenerme fiel al programa de tratamiento y dejar atrás, de una vez por todas, ese tratamiento del cáncer.

Muchas veces cuando me sentía mal o incómoda, me abrazaba a mí misma y pensaba «Dios está en control...». Entonces sentía la voz del Señor que me decía: «*No temas, yo estoy contigo*». Así que me rendía ante su presencia y esperaba a que su fuerza me levantase.

El camino no fue fácil, tanto emocional como físicamente, pero el Señor fue maravilloso mostrando su poder restaurador. Seguía peleando la buena batalla sabiendo que «*la fe es la certeza de lo que se espera, la convicción de lo que no se ve*» (Hebreos 11).

Bajo sus alas

Recuerdo una de mis primeras oraciones cuando fui diagnosticada con cáncer de seno: «Si voy a recorrer este camino...mi Señor, dirígeme. Sostenme en tus brazos. Me estoy derramando ante ti para poder ser llena de tu revelación».

Mi ansiedad se calmaba con la paz de Dios que sobrepasa todo entendimiento. Su paz guardaba mi corazón y mi mente. Poco a poco, me encontré entregando mi voluntad, mi fuerza, mis preocupaciones, mi familia, mis hijos... a Aquel que me alcanzó, a Aquel que me ama. De hecho, todas las bendiciones que tenía, eran un regalo maravilloso que Él mismo me había dado a través de su gracia. Todo lo que yo era, era suyo. Al igual que dice el salmo 91, Él me cubría con sus plumas y bajo sus alas encontré refugio.

A medida que los temores se disipaban, me encontraba rodeada de sus alas, y las primeras palabras del salmo 23 me iban llenando por completo: «*El Señor es mi pastor, nada me falta*».

—Él es mi pastor, el buen pastor que cuida de sus ovejas. Él protege a su rebaño, Él me protegerá, Él protegerá a mi familia, Él protegerá a mis hijos. El resto... lo voy a seguir descubriendo.

Fue increíble cómo el Señor me llevaba. Una vez estaba meditando en un devocional de Charles Spurgeon acerca de Deuteronomio 5:24. He aquí un extracto —traducido al español— del devocional de Charles Spurgeon sobre ese pasaje de la Biblia que me tocó el corazón:

> Los que navegan pequeños arroyos y riachuelos poco profundos, saben muy poco del Dios de las tempestades, pero los que «manejan asuntos en las muchas aguas», estos ven sus «maravillas en las profundidades»... Agradece a Dios, entonces, si has sido guiado por un camino difícil, el cual te ha dado tu experiencia acerca de la grandeza de Dios y su amorosa bondad. Tus problemas te han enriquecido con una riqueza de conocimiento que no se pueden obtener por ningún otro medio, tus pruebas han sido la hendidura de la roca en que Jehová te ha puesto, como lo hizo con su siervo Moisés, para que contemplaras su gloria al pasar. Alaba a Dios porque no te has quedado en la oscuridad y la ignorancia que la continua prosperidad podría haber conllevado, sino que en la gran batalla de la aflicción, has sido capacitado por el resplandor de su gloria en sus asuntos maravillosos contigo.[3]

Me quedé totalmente sin palabras cuando leí eso. Sentí que tenía que alabar al Señor quien me guiaba a través de ese camino difícil. Él me estaba mostrando «maravillas en las profundidades». Estaba experimentando la grandeza de Dios y su amorosa bondad, y todavía no había terminado. Fue un sentimiento grandioso y me inspiró. Todavía tenía mucho que compartir con el mundo.

Manejando la frustración

Muchas veces me levantaba en la mañana sintiéndome exhausta. ¿Cómo puede ser esto posible? Había dormido bien, pero mi energía estaba por el suelo. Solía tener siempre una botella de agua al lado de mi cama para beber durante la noche y mantenerme hidratada, y de esta manera poder batallar mejor con la fatiga y el cansancio extremo.

—Tal vez si me levanto y me visto, me sentiré mejor y podré trabajar aunque sea algunas horas —me decía a mí misma.

A menudo pensaba ir a trabajar y tomarme el día con calma. Lentamente escogía la ropa y comenzaba a prepararme como si fuera cualquier día normal... solo para darme cuenta al final, que no tenía la energía para ir a trabajar, ni siquiera para conducir. Luego de unos cuantos pasos comenzaba a jadear y sentía mi cuerpo derritiéndose sobre mis pies. Me sentía como un trapo mojado. Lo único que podía hacer era llamar a la oficina y decir que no iba a poder ir. Era frustrante darme cuenta de que yo ni siquiera era capaz de hacer tareas simples.

Incluso el subir las escaleras para volver a mi habitación era un desafío. El agotamiento y la fatiga producida por la quimioterapia eran como nada de lo que yo hubiese experimentado jamás. A veces subía las escaleras gateando y tomándome un descanso luego de cada escalón —un descanso para recuperar la energía suficiente para subir el próximo escalón—. Mi perrita fiel, Windy, me acompañaba y solía sentarse a mi lado a esperar mientras yo miraba a la pared. Fue por esa razón que tuve la idea de decorar esa gran pared vacía de las escaleras. Decidí poner en ese lienzo vacío cosas que significaran algo para mí y que me animaran cuando tuviera que enfrentarme a las escaleras. Así que comencé a editar e imprimir fotos familiares, viejas y recientes. Elegí aquellas que cuando las miraba, me dejaban sin habla y me hacían sonreír. Estaba motivada. Tomé este asunto muy en serio. Este proyecto de arte y de diseño de interiores no fue solamente una fuente de motivación, sino también, una meta a corto plazo que sabía que podía lograr.

Un día, poco después de haber concebido mi plan de decorar la pared de las escaleras, me sentí con la energía suficiente para ir de compras. Tal vez Ángel pensó que estaba loca por tanto insistir a que él me llevara a comprar marcos de fotos y alguna decoración de pared antes de buscar a los nenes al campamento de verano. Yo pensaba acerca de las fotos, su orientación y los marcos apropiados para que todo encajara perfectamente. Luego de escoger los marcos, vi algo que no vacilé en comprar... Era una decoración para la pared, poco más de un metro de altura, hecha de metal y vidrio con un mensaje escrito. Decidí que iba a ir en la parte superior de las escaleras, justo en la pared que uno ve de frente cuando uno va a subir.

Me tomó varios días para llevar a cabo el proyecto. Los nenes me ayudaron a seleccionar las fotos y a ponerlas en tres marcos grandes. Ángel tuvo la tarea de ponerlos en la pared. En la parte inferior de las escaleras, la parte más grande de la pared, puse un cuadro vertical que muestra el «fruto del Espíritu»: amor, gozo, paz, paciencia, amabilidad, bondad, fidelidad, humildad y dominio propio (Gálatas 5:22-23). Debajo de ese cuadro, puse una decoración metálica con las palabras «Love, Live, Laugh» (ama, vive, ríe) para animarme ante la ardua tarea de subir las escaleras. A lo largo de la pared a medida que uno sube los escalones, estaban los tres marcos grandes con una combinación de diversas fotografías que mis chicos y yo seleccionamos. De esta manera cuando tuviera que parar por un rato a tomar un descanso para recuperar el aliento, en lugar de mirar una pared vacía, iba a mirar aquellas imágenes y momentos que me traían alegría e inspiración. Por último, en esa pared superior que queda frente a uno cuando uno va a subir, puse la decoración de pared en metal y vidrio que había capturado mi atención cuando fui a comprar los materiales para mi proyecto. La misma tenía el siguiente mensaje escrito:

> La vida no se mide por las veces que respiras,
> sino por aquellos momentos que te dejan sin aliento.

La frustración de no poder llevar a cabo aquellas tareas habituales y simples que solía realizar debido a la fatiga y el agotamiento, la reemplacé con gozo e inspiración. Muchas veces yo simplemente me sentaba allí en los escalones para mirar la pared o a leer un poco. Podría decir que había vivido a través de muchos momentos que me habían dejado sin aliento y todavía tenía mucho que vivir, amar y reír. Había demasiadas razones para continuar luchando y no rendirme.

Podría decir que había vivido a través de muchos momentos que me habían dejado sin aliento y todavía tenía mucho que vivir, amar y reír. Había demasiadas razones para continuar luchando y no rendirme.

A Ángel como a los niños les encantó la pared. Hasta el día de hoy, todavía miro esa pared y recuerdo. Me sigue inspirando y me hace sonreír.

Recordando
¿Calladita?

Recuerdo que luego de un día bien frustrante en el trabajo, busqué a los nenes al Centro de cuido. Yo estaba en silencio y sumergida en mis pensamientos mientras conducía. De pronto Alejandro, que tenía 4 años, me pregunta:

—Mamá. ¿Estás calladita?

—Ajá… eso creo —le contesté.

—¿Porque estoy durmiendo?

—Tal vez —le dije mientras me encogía de hombros.

—Pero yo tengo mis ojos abiertos. ¡Mira!

Miré en el espejo retrovisor y vi estos dos únicos ojos grandes y hermosos, bien abiertos mirando los míos. Él sonrió.

—¡Mira esos ojitos! ¡Qué bellos son! —exclamé mientras le sonreía a través del retrovisor.

—Pero tus ojitos son más bonitos que los míos —me contestó.

—Alejandro, tú me haces tan feliz.

~ . ~

Desde mi diario

Ese tipo de memorias me fortalecían. Alimentaban mi determinación de mantenerme luchando y de enfocarme. Alimentaban mi determinación de ser fuerte; y para ser fuerte, tenía que ponerme en las manos de Dios.

Un día a la vez

A veces me sentía bien y otras veces no. En el trabajo, por ejemplo, cuando yo estaba planeando una reunión para la semana siguiente, alguien me preguntaba si yo iba a estar allí. Realmente, no podía comprometerme, así que me encogía de hombros y les decía con cortesía que si no podía estar en la próxima reunión, alguien de mi equipo de trabajo estaría allí. En la oficina tenía a alguien que me ayudaba con mis proyectos, y a su vez, esa persona tenía otra persona que le ayudaba a ayudarme cuando ella no podía. De esta manera, la oficina trataba de asegurarse de que mis proyectos se mantuvieran en marcha.

La montaña rusa de continuas subidas y bajadas, vueltas inesperadas y el no poder hacer planes ni siquiera para los próximos días, también era una fuente de frustración. Incluso con la familia y amigos, no podía hacer muchos compromisos para ir a algún lugar o para juntarnos todos y disfrutar alguna actividad. A veces tenía la oportunidad de hacer cosas en la casa, a veces no. A veces tenía la oportunidad de ayudar a los niños con las tareas escolares, pero otras veces no.

En muchas ocasiones tenía que pedirle a Alejandro que ayudara a Gabriel a estudiar y a mantenerse enfocado para completar sus asignaciones. El tercer grado estaba siendo bastante duro para Gabrielito y algunas veces era bien frustrante para mí el no poder ayudarlo como deseaba. Como mamá, esto era bien frustrante para mí. Oraba por mis hijos constantemente y los colocaba en las manos de Dios. Hubo momentos en que yo estaba tan exhausta para hablar, que decidía sentarme con ellos en la mesa simplemente a mirarlos mientras completaban su trabajo escolar. En ocasiones, para ayudar a Gabrielito a practicar su lectura, le decía que me leyera en voz alta porque eso iba a hacer que me sintiera mejor. Eso parecía motivarle, y también a mí.

Muchas veces la casa se nos venía encima. Si me sentía bien por un rato y Ángel estaba haciendo algunas tareas en casa le decía, «Olvídate de los quehaceres y vamos a hacer algo diferente. Vamos a improvisar».

Cada vez que la frustración se asomaba a la puerta, yo simplemente me recordaba tomar un día a la vez y contar mis bendiciones.

Manejando la pérdida del pelo

«¡No más cepillado de pelo, peinados o días de pelo rebelde
por un buen tiempo!¡Bienvenidos los sombreros, las
pañoletas, las pelucas, el viento y el sol!»

La pérdida del pelo era parte de los principales efectos secundarios de mi régimen de quimioterapia. Las raíces del pelo, o los folículos capilares, se alimentan por células de crecimiento rápido y por lo tanto, estas células de crecimiento rápido iban a ser blanco de ataque de la quimioterapia. Sabía pues que tarde o temprano me iba a enfrentar a la pérdida del pelo. A través de mi doctora y las enfermeras supe que la pérdida del pelo no iba a ser inmediata. Podría tomar dos o tres semanas después de la primera dosis de quimioterapia.

Siempre había tenido el pelo largo la mayor parte de mi vida. No podía visualizarme a mí misma sin pelo. El solo pensar eso me hacía sentir ansiedad. Supongo que para una mujer, su pelo es parte de quién ella es y cómo ella se proyecta. Por lo tanto, antes de experimentar la pérdida del pelo, decidí cortarme el pelo bastante corto y donarlo a «Locks of Love». «Locks of Love» es una organización sin fines de lucro que proporciona pelucas a niños y jóvenes económicamente desfavorecidos en los Estados Unidos y Canadá que sufren de pérdida del pelo a largo plazo por causas médicas. Esa decisión me ayudó a sentir que estaba en control de mi futura pérdida del pelo y además, el pensar que un niño o un joven se pudiera beneficiar de mi pérdida, me hizo sentir feliz.

Fui a una escuela de estilismo para darme el corte de pelo y también así poder beneficiar a un estudiante —algo que yo nunca hubiera hecho jamás—. El estudiante estaba un poco inseguro y preocupado porque mi corte iba a ser su primer corte y estilo para pelo corto. Él estaba solicitando constantemente la presencia, la orientación y la supervisión del profesor en lo que estaba haciendo. Yo le motivaba alentándolo: «¡Dale, tú puedes hacerlo!». Mientras tanto, yo estaba preocupada y pensaba que si el corte de pelo no salía bien, iba a tener mi nueva peluca como plan de contingencia. De hecho, tenía la peluca en el baúl del auto.

Mis hijos me echaban un vistazo de vez en cuando. Ellos sabían que su mamá, la que siempre habían conocido con el pelo largo, se lo estaba cortando porque se estaba preparando para una pérdida temporal del pelo. Ellos también sabían que un niño muy probablemente se beneficiaría de esto. Al comprender eso experimentaban la curiosa mezcla de la felicidad en medio de la adversidad.

Una de las primeras cosas que hablé con mis hijos cuando supe que iba a recibir quimioterapia fue acerca de la pérdida del pelo. Quería que supieran lo que iba a pasar con mamá para que no se asustaran. Me aseguré de que entendieran que todos los efectos de la quimioterapia iban a ser temporales. Los animé a que me hicieran preguntas y que si no sabía las respuestas, les dije que las íbamos a encontrar juntos.

Además, ellos sabían que yo muy probablemente, también iba a perder las cejas y las pestañas. Les dije que si algún amigo o compañero de la escuela les preguntaba acerca de lo que estaba pasando con su mamá, que les dijeran que su mamá estaba batallando con el cáncer de seno y que ella era una guerrera.

Un día Alejandro llegó a la casa con un dibujo de una cinta rosada —como la que representa la lucha contra el cáncer de seno— que uno de sus amigos preparó para mí. La cinta tenía las palabras «El cáncer de seno, luchemos por la cura». Este fue un detalle hermoso y todavía lo tengo en un lugar muy prominente en la casa.

Desde mi diario

Manitas

Recuerdo cuando los nenes eran más pequeños y solíamos cruzar la calle juntos tomados de la mano. Yo sostenía la manita de Gabriel, y Gabriel sostenía la de Alejandro.

Ahora, ellos sostienen las mías. Yo no sé si ellos tienen idea de lo mucho que me están ayudando a sobrepasar esto. Sus manitas me están ayudando al sostener las mías para ir a través de este camino.

¿Dolor de Pelo?

Después de aproximadamente una semana de tener mi primera dosis de quimioterapia, empecé a experimentar un dolor extraño en el pelo. ¡Cómo rayos es posible sentir dolor en el pelo! Cada vez que me lavaba el pelo o me peinaba, sentía un dolor justo en los folículos capilares. No era dolor de cabeza, era «dolor de pelo». ¡En serio! Tenía que lavarme la cabeza en cámara lenta y cepillarme el pelo cautelosamente. Incluso el viento me molestaba.

Un día, le estoy comentando a Ángel acerca de mi dolor de pelo y él decide darme un masaje en el cuero cabelludo. ¡Mala decisión! Comencé a chillar como un perrito herido y el pobre Ángel sobresaltado repetía: «¿Pero qué hice? ¿Qué pasó? ¡Yo no hice nada!». Los nenes vinieron corriendo a nuestra habitación alarmados y preguntando: «¿Qué pasó? ¿Qué pasó?». Fue todo un acontecimiento. Tuve que calmar a todo el mundo, incluso a mí misma. Así que aprendan de mi error. ¡Ni se les ocurra intentar un masaje en el pelo!

Llegó el día de mi segunda sesión de quimioterapia. Yo le estaba contando a mi doctora sobre el «dolor de pelo» y el incidente loco de la idea del masaje en la cabeza mientras me reía de la situación. Ella me dijo que eso era una señal de que pronto iba a perder el pelo. Dentro de aproximadamente 72 horas después de la segunda sesión de quimio, sucedió.

¡Está sucediendo!

Yo estaba tomando una ducha y de repente vi un montón de pelo en el piso. Mi corazón dio un salto y me quedé sin aliento del asombro. Pensé: «¡Está sucediendo!». Miré mis brazos y mi cuerpo. ¡Estaba toda cubierta de pelo! Era tanto pelo, que comencé a mover con el pie todos los mechones de pelo lejos del drenaje para evitar que se tapara la ducha. Me toqué la cabeza y miré mi mano; mi mano estaba llena de pelos. ¡Yo era un desbarajuste de pelos!

—Calma... tranquila... —me repetía—. Todo está bien.

Salí de la ducha y cogí la toalla para tratar de sacarme todo el pelo de la cara. Me sequé el pelo, o lo que quedaba de él, muy lentamente con la toalla, como tratando de remover la mayor cantidad de pelo que pudiese; y luego la toalla se convirtió en todo un lío de pelos. Una mirada al espejo reveló varias zonas calvas en mi cabeza.

Puse la toalla a un lado y empecé a halar mechones de mi pelo para ver si podía sacarlos con la mano. Para mi sorpresa, podía hacerlo con facilidad y sin ningún tipo de dolor. Era como si mi pelo no tuviera ninguna raíz en lo absoluto. Parte de él estaba saliendo fácilmente con solo agarrarlo sin ni siquiera tirar de él. Sin embargo, todavía quedaban algunos parches de pelo que eran dolorosos para halar. Estaba conmocionada, pero tranquila.

Luego de limpiar el desbarajuste de pelos que dejé en el baño, me puse una pañoleta en la cabeza y bajé las escaleras. Ángel estaba preparándoles a los nenes una merienda en la cocina. Me acerqué a él y le susurré al oído:

—Papá. Ya está sucediendo —le dije mientras señalaba a mi cabeza.

Él supo claramente a lo que me estaba refiriendo. Me sonrió y me abrazó.

—¿Te sientes bien? —me preguntó.

—Sí, estoy bien. Estoy tranquila. Pero yo quisiera quitármelo ya de una vez y no puedo —le respondí.

Le dije lo que pasó mientras me duchaba y lo llevé al piso de arriba para mostrarle todo el pelo que había en la basura. Le mostré todas las áreas calvas de la cabeza y la forma en que estaba tratando de sacarme la mayor parte del pelo.

—¿Quieres que te afeite la cabeza? —Ángel me preguntó.

—Sí. Vamos a hacerlo. Ya quiero terminar con esto de una vez —le dije.

Con la cortadora de pelo, Ángel trató de eliminar la mayoría del pelo que quedaba, pero había algunos parches que todavía sentía dolor al tocarlos. Todavía tenía muchos «puntos ciegos» de pura piel que se veían; por lo que Ángel sugirió continuar removiendo el pelo sobrante con una navaja de afeitar. Ya me sentía cansada, así que le dije que continuáramos en la sala mientras veíamos la televisión.

Sabía que los niños estaban viendo la tele en la sala. Desde el segundo piso les pedí a los chicos en voz alta que escogieran una película para que todos la viéramos. Me puse la pañoleta y bajé las escaleras. Mientras me acercaba a la sala, podía escuchar que ellos ya habían comenzado a decidir cuál película ver. Cuando llegué a la sala, les sonreí y les pregunté:

—¿Les gusta mi pañoleta?

—¿Ya? —Alejandro preguntó sabiendo a lo que me refería.

—Casi, casi —le respondí.

—¡Mamá, te ves muy linda! —Gabriel añadió.

Comencé a recibir besos por docenas. Yo les dije que íbamos a disfrutar de una película juntos mientras papá me iba a ayudar a afeitarme el resto del pelo que me quedaba. Pusimos la película y Ángel llegó con toalla tibia y deliciosa que puso en mi cabeza.

—Esto debe abrir los folículos para que no te duela —él dijo.

Él estaba siendo muy gentil mientras me afeitaba la cabeza. Era como estar en un spa. A veces los nenes me miraban mientras veían la película y me lanzaban besos. En ocasiones se quedaban mirándome fijamente y me sonreían. Yo les daba un guiño y les sonreía de vuelta. Ni siquiera recuerdo qué película vimos esa tarde, pero sí recuerdo las muchas veces que escuché sus voces hermosas y alentadoras decir: «Te amo mamá».

Finalmente, Ángel dijo: «¡Ya está!» y me plantó un beso en la cabeza.

—¡Qué rico! ¡Está bien suave! —añadió.

—¡Vamos! ¡Tócala! —me dijo.

Toqué mi cabeza con curiosidad y sonreí… ¡Vaya! Realmente estaba bien suave.

—¿Puedo tocar? ¿Puedo tocar? —preguntaron los chicos mientras venían corriendo hacia mí.

—¡Sí, claro! Toquen.

—¡Qué suavecita! —exclamaron mientras tocaban cuidadosamente mi cabeza.

—¿Quién me quiere dar un beso en mi calvita? —pregunté.

Inmediatamente, besos por doquier adornaron mi fresca cabeza recién afeitada.

Desde mi diario

¡No más cepillado de pelo, peinados o días de pelo rebelde por un buen tiempo! ¡Bienvenidos sean los sombreros, las pañoletas, las pelucas, el viento y el sol!

No pienses en lo que falta

Por varios días después me fui de compras por pañoletas y sombreros. No me sentía cómoda usando la peluca. La usé varias veces, pero por alguna razón sentía que no «encajaba» con ella.

Decidí poner fuera de mi vista todo lo que me recordara que una vez yo tenía pelo. Guardé en cajas todos mis productos y accesorios para el pelo. No quería que nada me recordara que algo me faltaba. De esta manera, podría centrarme en navegar con el viento, en lugar de pelear contra él; y también en cómo yo quería proyectarme. Recordé el dicho: «Ser calvo es hermoso». Sí, ciertamente lo es.

Momentos Increíbles

Luego de unos días después del segundo tratamiento de quimio, me sentía bien y con energía. Decidí ir al trabajo. Me puse una pañoleta en la cabeza y un sombrero, me regalé una sonrisa al mirarme en el espejo y me fui a trabajar. Mi amiga Kat, me dio un gran abrazo cuando me vio con la pañoleta y me dijo que me veía hermosa.

—Así que finalmente ya se te cayó —me dijo.

—Sí, completamente.

—¿Puedo ver? —ella me preguntó.

Vacilé por un breve instante, pero me quité el sombrero y la pañoleta de todos modos. ¿Qué tenía que ocultar? —pensé—.

—Oh Yilda, eres hermosa —me dijo, y luego me dio otro abrazo.

Kat me había estado dando mucho apoyo. Su padre había fallecido de cáncer y su madre era una sobreviviente de cáncer de seno. Kat me dijo que se iba a afeitar la cabeza. Yo le dije que ella no tenía que hacer eso. Ella me había dicho anteriormente que si yo tenía que pasar por quimioterapia, ella se iba a afeitar el pelo en mi apoyo así como lo hizo con su padre. No importó lo que yo dijera o mis intentos de persuadirla de que no lo hiciera. Ella inmediatamente me agarró de la mano y dijo:

—Vamos chica, cállate. Lo voy a hacer. Vamos a ser dos bellas cabezas calvas en la oficina —hizo una pausa e inmediatamente añadió—, bueno, realmente seremos tres porque Mike ya se afeita la cabeza —Mike era otro de los ingenieros del grupo de trabajo.

Lo que siguió fue una experiencia muy conmovedora. Mis compañeros de trabajo se presentaron en mi oficina a darme la bienvenida y mostrando mucha preocupación por mí. Las chicas de la oficina nos acompañaron a Kat y a mí a la barbería. Una vez que Kat se sentó en la silla del barbero, todos los allí presentes hicieron un círculo alrededor nuestro. Kat y yo nos tomamos de las manos y todos elevamos una oración.

El barbero, Rudy, inició el proceso. Poco a poco el pelo de Kat iba cayendo al suelo y con cada mechón, lágrimas de emoción y de amor se me escapaban silenciosamente. Otros compañeros de trabajo de otras secciones seguían llegando a la barbería compartiendo abrazos y muestras de apoyo. Un hermoso gentío abarrotó la pequeña barbería. Yo estaba viendo todo lo que estaba ocurriendo frente a mí y todavía se me hacía difícil creerlo. Me estaba dando cuenta de la gran familia que tenía en el trabajo. Dios me estaba rodeando de amor. Fue una experiencia maravillosa el sentir y recibir el amor y los buenos deseos de tantas personas en el trabajo. Yo no tenía nada que ocultar, ni siquiera mi hermosa y brillante calva.

Tan pronto el barbero terminó de afeitarle el pelo a Kat, me quité la pañoleta y la besé en la cabeza. Hubo muchas lágrimas, abrazos y besos que iban y venían. El amor se desbordaba entre todos los allí presentes. Las dos salimos del lugar luciendo nuestras relucientes cabezas a través de los pasillos de vuelta a la oficina. Nos encontramos a Mike en el pasillo y nos miró con sorpresa. Se detuvo para abrazarnos. Los tres seguimos caminando hacia la oficina. Una vez allí, los tres nos tomamos una foto sonriendo y luciendo con orgullo nuestras cabezas. Me sentía liberada.

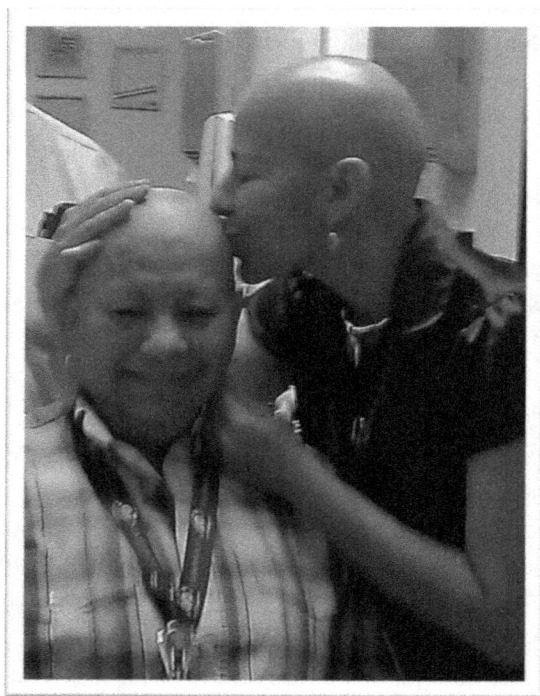

Tan pronto el barbero terminó de afeitarle el pelo, me quité la pañoleta y la besé en la cabeza.

Durante ese día recibí muchos detalles y regalitos... prendedores conmemorativos a la lucha contra el cáncer de seno, gorras, pendientes y tarjetas de apreciación. Uno de los oficiales de la Policía que había conocido hace algún tiempo, se presentó en nuestra área de trabajo quitándose su sombrero para mostrarnos que él también se había afeitado la cabeza. Dijo haber escuchado la noticia y quería mostrar su apoyo.

Ya había pasado bastante tiempo desde que les había escrito a mis amigos en Puerto Rico para ponerlos al tanto de lo que ocurría. Después de ese tan increíble día en la oficina, tenía que compartir esa maravillosa experiencia. Todavía seguía sin habla. Estas son algunas de las líneas que incluí en mi mensaje:

> ¡Hola a todos! Les escribo pues hace tiempito no les doy un saludo. Sigo todavía con mis tratamientos de quimioterapia y recuperándome a tiempo para recibir el próximo. Estoy trabajando intermitentemente según el tratamiento y la recuperación me lo permiten. Siempre sintiéndome bien fortalecida, pues veo la mano de Dios obrando cada día en mí y en mi familia. He tenido mis bajas, pero es increíble como Dios se hace siempre presente.
>
> De hecho, ya perdí el pelo. Así que todo se siente bien fresquito. Todavía no me acostumbro a la peluca, así que mi última moda es usar pañoletas y sombreros. Lo bueno es que ya no tengo más «días de pelo rebelde», ni enredos, ni desenredos. Ah, y se siente bien rico cuando los nenes me dan besos en el cocote.
>
> Les tengo que contar acerca de un día muy especial en el trabajo. Una amiga, Kat, decidió afeitarse la cabeza en mi apoyo. Fue un momento bien conmovedor. Todo el mundo allí compartimos lágrimas y abrazos. El amor llenó el lugar. Muchos se me acercaban a darme palabras de apoyo y ofrecerme donarme días de vacaciones para ayudarme en caso de que lo necesitara y así mantenerme cobrando. Hablé con gente que conocía y que ni conocía. Luego andábamos mi amiga y yo luciendo nuestras resplandecientes cabezas por el pasillo con mucha alegría de regreso a la oficina y con el resto de amigos siguiéndonos. Fue bien emotivo y divertido a la vez. Fue como una experiencia «liberadora». No sé cómo explicarlo. Luego durante ese día, vino uno de los policías a nuestra oficina con la cabeza afeitada para mostrar su apoyo.

Por favor, no pretendo que vayan a ponerse ustedes también a afeitarse la cabeza. ¡No, no, no! Yo sé que cuento con su cariño, apoyo y oraciones. Solamente les digo esto para que sepan que Dios me ha rodeado de mucha gente bonita y que no estoy sola.

No sé cómo más darle gracias a Dios. Solo espero que el Señor me enseñe cada día a pasar para adelante las bendiciones y el amor que me da.

Después de ese mensaje, continué recibiendo una gran cantidad de apoyo y palabras de amor. Me llenaba de gozo. Una de las líneas que recibí que realmente me tocó el corazón en esos días, fue de una amiga que me dijo: «Lo que vives está llegando y tocando a muchos. Gracias por compartir tu vida y tu esperanza con nosotros». Esas palabras me inspiraron. Todo esto no estaba pasando para nada. Tenía una misión. Tenía que seguir peleando la buena batalla de la fe.

> *Todo lo que has hecho por mí, Señor, ¡me emociona!*
> *Canto de alegría por todo lo que has hecho.*
> *(Salmos 92:4, NTV)*

Bromeando con la peluca

Cuando me decidí a adquirir una peluca, escogí una con un color y estilo diferentes de mi tradicional pelo negro. La gente que no me conocía nunca se habría dado cuenta de que llevaba una peluca. En ocasiones me la ponía para pasar de incógnito simplemente por pura diversión. Yo nunca había usado la peluca en mis citas médicas, por lo que un día me decidí a usarla solo para ver lo que pasaba.

Cuando abrí la puerta, Dorothy estaba en la recepción, como siempre con una bella sonrisa. Ella tuvo que mirarme dos veces para poder reconocerme. Mientras hablábamos, una de las enfermeras, Amber, se detuvo en la recepción por un momento para decirle algo a Dorothy. Dorothy me presenta ante ella como «la nueva paciente» señalándome. Cuando Amber me miró y yo le dije: «¡Hola Amber!» y ella se sorprendió.

—¡Me encanta el color! —ella exclamó.

Inmediatamente, sin usar palabras, nos hablamos por señas entre sí para mantener la cosa en secreto y ver la reacción del resto del personal.

No fue hasta que entré a la clínica para que me tomaran los signos vitales, que vi Elizabeth. La misma reacción se repetía una y otra vez al cruzarme con el resto del personal en la clínica. Entre abrazos y luego del alborozo inmediato, les decía a todos que no se lo dijeran a la doctora. Así que después del breve momento de emoción y risas, todos inmediatamente decíamos: «Shhhhh. Vamos a bajar la voz… por ahí está la doctora».

Podía sentir que la doctora Kazhdan se acercaba. La vi cuando se detuvo en un extremo del pasillo para hablar con una de las enfermeras. Me miró desde la distancia, tal vez pensando que era una nueva paciente. Cuando la miré directamente a los ojos y la saludé, luego se acercó a mí con su siempre característico fuerte abrazo y espléndida sonrisa.

—¡Sra. Rivera! ¡Qué diferente te ves! —me dijo asombrada.

Las enfermeras y los técnicos, todos nos estábamos riendo, y se mantenían presentándome entre ellos como «la nueva paciente». La pasé muy bien en la clínica ese día. Siempre es bueno compartir algunas carcajadas, sobre todo con personas que quieren lo mejor para ti. Yo estaba muy contenta de haberlos encontrado. «¡Gracias Dios por ese maravilloso equipo de atención médica que me permitiste encontrar!».

Desde mi diario

¡Gracias a mi equipo maravilloso de atención médica! ¡Gracias a mi maravillosa familia! ¡Ángel, gracias doy a Dios también por ti! Esta experiencia con el cáncer apesta menos gracias a todos ustedes.

Incluso en mi lugar de trabajo también me divertí con la peluca una vez. Me presenté a mi supervisor diciendo que yo era «la nueva ingeniera» del grupo y que alguien me dijo que él era el jefe. Él se rió a carcajadas. Así que ese día yo era la «nueva ingeniera» en la oficina.

Desde mi diario

Ayer, mientras estudiaba con los nenes me dio un sofoco, uno de esos causados por la quimioterapia. Mi cara se me puso totalmente roja y me sentí como si me estuviera quemando por dentro. Inmediatamente me quité el pañuelo de la cabeza para sentirme mejor y fresca, y les dije: «¿Ven? Si yo tuviera pelo no hubiera podido hacer esto. Eso es uno de los beneficios de la calvicie». Y luego nos reímos.

Sin cejas, sin pestañas

Después de unas semanas después de que perdí el pelo, empecé también a perder las cejas y las pestañas. Me veía muy pálida. Lo bueno era que no tuve que afeitarme las piernas durante mucho tiempo. Al menos, eso fue una ventaja agradable.

A pesar de mi apariencia, no quería que la gente me mirara con lástima o como una persona enferma. Así que con orgullo llevaba mi pañoleta en la cabeza, me ponía un poco de delineador de ojos y caminaba con mi frente en alto. Si notaba que alguien me miraba fijamente, yo le interrumpía la mirada con una sonrisa. Quería que la gente me viera como a una guerrera.

Desde mi diario

Sin pelo, sin cejas, sin pestañas... pero sintiendo una bendita brisa de energía... ¡Quiero nadar, correr, vivir, reír y amar! Voy a volver loco a Ángel hoy.

Una fuente de inspiración

Dios estaba verdaderamente bendiciéndome a través de una maravillosa cadena de apoyo. Amigos, familiares y otras personas estaban orando por mí constantemente y enviando pensamientos positivos. Todavía leo sus mensajes y aún me inspiran.

Un buen día

Un día convertimos la tarea de clasificar la ropa limpia en un juego improvisado y en una actividad familiar. Ángel llegó a la habitación con una pila gigante de ropa limpia y la tiró en el suelo para comenzar a clasificarla. Yo estaba en la cama con algunos analgésicos en mí. Los nenes también estaban en la cama viendo la televisión. Ángel estaba llevando sobre sus hombros una gran parte de las tareas del hogar. Él estaba haciéndose cargo del lavado de ropa, los platos, la cocina. Estaba siendo fuerte, pero yo sabía que estaba cansado. Se sentó en el suelo, en medio del montón de ropa para comenzar a separar cada pieza y hacer grupitos individuales. Era una manera de él completar esta faena tediosa pero importante, y al mismo tiempo estar con nosotros en la habitación. Me decidí a salir de la cama, con todo y los efectos de los analgésicos, y sentarme con él en el suelo para ayudarle a ordenar la ropa. Eso era algo que podía hacer... y me hizo feliz poder ayudar. También llamé a los nenes para que nos ayudaran. Así que todos nos movimos al piso. Comenzamos con este único juego de «¿De quién es esto?» con los chicos para separar cada pieza de ropa según el usuario. Ángel y yo nos miramos y nos sonreímos… estaba funcionando.

Los nenes buscaron y trajeron los ganchos de ropa. Iban y venían acomodando en sus respectivos lugares toda su ropa limpia. Nosotros les agradecíamos en el proceso. Les hicimos saber que estaban ayudando mucho a mamá y a papá, y que estaban haciendo algo importante... muy importante. Les dijimos que al ayudar con las tareas de la casa, estaban contribuyendo a aumentar el tiempo de calidad para estar con mamá y papá. A ellos les gustó la idea y continuaron ayudando hasta que toda la ropa estaba en su lugar correspondiente. Ellos se sintieron importantes al saber que lo que estaban haciendo era algo valioso. Se sentían como si estuvieran haciendo la diferencia. De hecho, eso mismo era lo que estaban haciendo.

Terminamos en un instante. Todos disfrutamos de una simple y tediosa tarea juntos. Muy pronto, estábamos todos en la habitación, metidos en la cama como lagartos y viendo la televisión.

Salmos 23, un nuevo significado

Empecé a leer este salmo todas las noches a mis hijos para que pudieran memorizarlo. Incluso habíamos discutido versículo por versículo. Quería que entendieran el significado de cada línea para que se aferraran al Señor si sentían algún temor. Les dije que sentir miedo es normal, pero que teníamos que anteponer la fe ante este y no dejarnos dominar. Quería darles las herramientas que les ayudasen a crecer y a prepararlos para la vida. La fe versus el miedo es una batalla constante. Le decía a mis hijos, «Si el miedo se te aparece en la puerta tienes dos opciones, o escoges dejarlo entrar, o escoges aferrarte al Señor y la promesa de su presencia sin importar las circunstancias.» Sentía la urgencia de compartir esto con ellos; no tenía tiempo que perder.

Si el miedo se te aparece en la puerta tienes dos opciones, o escoges dejarlo entrar, o escoges aferrarte al Señor y la promesa de su presencia sin importar las circunstancias.

Como una revelación, en algún punto ese salmo tomó un nuevo significado para mí. Lo leía en español y en inglés, también en diferentes versiones de La Biblia. Un día lo estoy leyendo en la versión Nueva Traducción Viviente (NTV):

[1] El Señor es mi pastor;
tengo todo lo que necesito.

Esa segunda frase me caló hondo. Yo «tengo todo lo que necesito», «*nada me falta*», «*contigo nada me falta*», pensaba. Entonces, seguí leyendo y me detuve en el versículo 4.

[2] En verdes prados me deja descansar;
me conduce junto a arroyos tranquilos.
[3] Él renueva mis fuerzas.
Me guía por sendas correctas,
y así da honra a su nombre.
[4] Aun cuando yo pase por el valle más oscuro,

no temeré, porque tú estás a mi lado.
Tu vara y tu cayado me protegen y me confortan.

Medité en esto por un rato. Entonces tuve este pensamiento: «Yo sé que ya Dios me ha sanado... pero todavía tengo que ir por este camino porque Dios me quiere mostrar algo».

Entonces oré:

—Señor, pon en mi corazón las palabras que tú quieres que yo escriba y las palabras que quieres que hable. Que tu Santo Espíritu habite en mí para que guíes mis palabras y mis pensamientos. Todo lo que soy es, en efecto, tuyo.

Conversaciones con los niños

Traté de estar consciente en todo momento de darle a los chicos testimonio vivo de la gracia de nuestro Dios, para que pudieran experimentar en su propia vida las promesas de Dios y la presencia de Dios. A veces hablábamos sobre el cáncer porque tenían preguntas. El cáncer era simplemente algo que estaba allí, en el camino, pero la presencia de nuestro Señor era cierta, con nosotros y en nosotros, y mucho más poderosa.

Yo quería que mis pequeñines entendieran el concepto de que Dios está en control y de que Él está con nosotros. La sanación es una de las cosas que el Señor puede hacer, por supuesto; pero yo quería que mis hijos experimentaran y fueran testigos de que la gracia y el poder de Dios estaban con nosotros en medio de la tormenta, y de que Él nos estaba ayudando a todos a ir a través de esto juntos.

Un día estaba viendo la televisión con Gabriel. No estábamos hablando; simplemente estábamos recostados uno del otro viendo algún programa. De repente, él de la nada me pregunta:

—Mamá. ¿Cómo se llama esa cosa?... —preguntó y luego hizo una pausa como si estuviera pensando y tratando de recordar algo—, ¡ah eso!... el cáncer de seno —añadió.

Luego prosiguió:

—¿Cómo...? ¿Cómo fue que te dio eso? ¿Por qué esa cosa te está pasando? —preguntó mi pequeño Gabrielito con mucho amor y preocupación cuando yo estaba yendo a través de la quimioterapia.

—¿Sabes qué?... Yo no sé. Nadie sabe exactamente por qué o cómo surgió. Todo lo que sé, es que no es culpa de nadie. Es un misterio. Los médicos tampoco lo saben. Pero sí sé que Dios está con nosotros y nos cuida, y que Él nos muestre su maravillosa gracia y su presencia si se lo pedimos —le respondí con un abrazo.

Quería hacerle entender que no importa cómo se vean las cosas o lo que parezcan, Dios tiene algo maravilloso para nosotros. Se produjo una pausa. Entonces él me sonríe, me contesta con otro abrazo y me da un beso:

—Te amo mamá.

—Yo te amo más —le contesté.

—No. ¡Yo te amo más! —me respondió con una traviesa y juguetona sonrisa.

—¡Naaaah! Yo te amo más —le enfaticé mientras le hacía cosquillas.

—No. ¡Yo te amo más, más, más, más...! —Y con cada «más» él se reía mientras me apretaba con abrazos.

—¡Está bien! ¡Está bien! Ganaste. ¡Me rindo!

Nos abrazamos. Después de un rato, se quedó dormido en mis brazos. Más tarde, también yo me quedé dormida. La imagen en la página siguiente es un recordatorio de ese momento. Me hubiera gustado que fuera de mejor calidad, pero mi esposo la tomó con un celular y con poca luz.

Cada vez que veo la foto, me recuerda mirar a mis bendiciones. Me recuerda pensar en la obra maestra, la melodía, la sinfonía que Dios está orquestando en mí. Dios nos guarda en su paz que sobrepasa todo entendimiento. En Él, descansamos.

Cada vez que veo la foto, me recuerda mirar a mis bendiciones. Me recuerda pensar en la obra maestra, la melodía, la sinfonía que Dios está orquestando en mí. Dios nos guarda en su paz que sobrepasa todo entendimiento. En Él, descansamos.

¿Nítido? ¿En serio?

Un día Alejandro me ayudó a pasar la aspiradora por la casa. ¡Fue bello verlo! Mientras lo hacía, él me dijo:

—Oye mamá, esto no es tan difícil... ¡Se siente nítido!

Entonces creo que reconsideró lo que precisamente me acababa de decir y aclaró:

—Claro, no es uno vaya a querer hacer esto todos los días.

«Mamá… ¿Por qué esa cosa te está pasando?» (…) Nos abrazamos. Después de un rato, se quedó dormido en mis brazos.

Recordando

«Caquita»

Recuerdo cuando Gabriel comenzó a hacer su caquita en el inodoro. Él me perseguía por todos lados diciéndome: «mamá, caquita», para que yo lo llevara al baño. Un día él tenía que tomar siesta de la tarde. Le puse un pañal para asegurarme evitar algún «accidente». Cuando estaba casi dormido, salí de la habitación muy lentamente y cerré la puerta con cuidado y sin hacer ruido. En cuanto cerré la puerta, escucho: «mamá, caquita». Esperé. Él repitió: «mamaaaa, caquitaaaa». Me fui por unos 10 minutos pensando que él estaba buscando una excusa para escapar de la siesta. Después del período de prueba de 10 minutos, volví a su habitación y acerqué mi oreja contra la puerta. Le escuché jugando en su cama. Poco a poco abrí la puerta y me encontré con una carita enojada que me miraba con firmeza: «¡Mamá! Hice caca», y luego señala a su pañal. ¡Qué muchachito!

Más tarde ese mismo día, los nenes estaban jugando en mi cama mientras yo estaba tratando de tomar una siesta. Estaba tratando de «esconderme» y buscar un poco de tranquilidad, pues Ángel estaba de viaje. Les pedí a los chicos que jugaran en su habitación para que me dieran un ratito para descansar y por lo tanto, se fueron a la habitación de Alejandro.

Los seguí y de pronto se me ocurrió sugerirle a Alejandro que le leyera algún libro a Gabriel —para ese tiempo Alejandro todavía no sabía leer—. Él muy seriamente agarró un libro, «Alex quiere un dinosaurio»[1] —uno de sus favoritos en ese tiempo—. Ambos se sentaron en la cama y yo cerré la puerta para volver a mi cuarto, pero decidí quedarme cerca del marco de la puerta para escuchar lo que iban a hacer. Para mi sorpresa, Alejandro empezó a «leer» el libro. ¡Había memorizado una gran parte de la historia! Incluso estaba haciendo las diferentes voces de los personajes y Gabriel estaba escuchando atentamente. ¡Fue una gran emoción!

Mientras todavía estaba impresionada, comencé a caminar hacia mi cuarto y la puerta de su habitación se abrió detrás de mí. Era Alejandro que venía corriendo hacia mí bien entusiasmado.

—¡Mamá! ¡Mamá! ¡Yo sé leer este libro! Siéntate ahí, te voy a enseñar —se sentó a mi lado y comenzó a «leerme» el libro.

Mientras tanto, oí una voz que se acercaba: «¡Mamá, caquita!».

Recordando

Mis hijos han crecido tanto. Me quedo sin palabras sobre la forma en que expresan sus pensamientos y su amor. Hoy Alejandro besó y abrazó a Gabriel, tratando de consolarlo, mientras él lloraba porque no quería darse un baño.

Desde mi diario

Me siento mejor y con más energía. Di un paseo con los niños y la perrita por el vecindario. Lo pasé muy bien con ellos. Gabriel se estaba quedando atrás en ocasiones con su cara larga de «estoy cansado». En un momento me cuestionó con sus ojitos quejumbrosos por qué caminábamos. Le dije que el caminar me iba a ayudar a recuperarme mejor. Entonces él contestó:

—¡Ah! ¡Eso es bueno! —Y aceleró hasta alcanzar nuestro paso.

Encontró su propia motivación.

Desde mi diario

Las primeras palabras que escuché esta mañana: «mamá…», y luego un abrazo dormilón. Mmmm.

Evento «Susan G. Komen, Race for the Cure», San Juan, PR; 2011

Este fue un momento increíble. Me quedo sin palabras al tratar de describirlo. Un par de amigos y familiares decidieron caminar en mi honor en este evento. Yo estaba emocionada con todas esas fotos que ellos me enviaban mientras caminaban. Doraima, mi hermana, también me estaba llamando y enviándome mensajes de texto de vez en cuando notificándome dónde estaban en diversos momentos de la caminata.

Unas amigas, Ana Luz, Heloisa y Blanca, hicieron un gran letrero con mi foto y mi nombre. Gracias a ese letrero, mi hermana pudo encontrarlas y continuaron caminando juntas. Comencé a recibir mensajes de personas que no sabían que yo estaba pasando por el cáncer y que se enteraron por el rótulo. En los mensajes me decían que estaban caminando por una persona en particular, y que ahora me tenía en sus pensamientos y oraciones también.

Fue tan increíble y emocionante. Mi amiga Blanca me estaba enviando un mensaje de texto de que había encontrado a Doraima y a mis padres; al mismo tiempo, estaba recibiendo un mensaje de Doraima de que había visto de lejos un letrero con mi foto y mi nombre, y que gracias a él pudo encontrar el grupo de Blanca. Más tarde, recibí un mensaje de mi hermana diciéndome que alguien que me conocía se había acercado al grupo y que me enviaba saludos y buenos deseos.

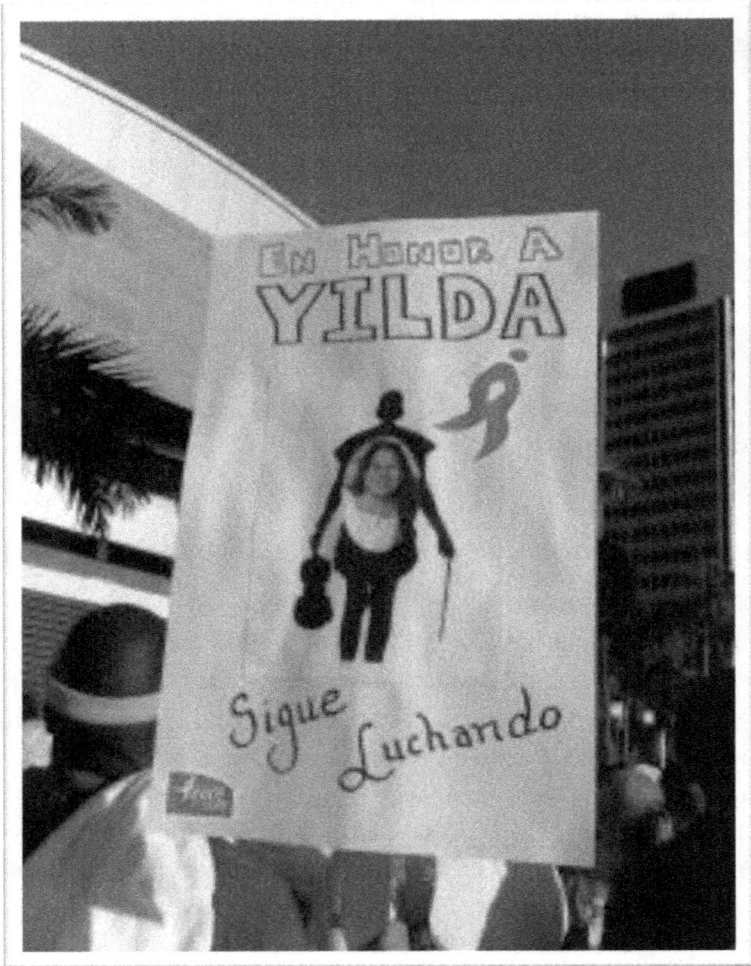

En cada foto veía a ese gran letrero caminando y moviéndose a lo largo del camino. Era como si yo estuviera allí caminando junto a ellas.

Mis amigas y mi hermana me mandaban fotos, una tras otra, a mi teléfono celular o a mi correo electrónico. En cada foto veía a ese gran letrero caminando y moviéndose a lo largo del camino. Era como si yo estuviera allí caminando junto a ellas. Una vez más, no tengo palabras para describirlo. Todo eso fue muy alentador. Supongo que me pasé la mayor parte de ese día frente a la computadora y con el teléfono celular en la mano, solo para mantenerme al tanto con todas las fotos y los mensajes que enviaban y lo que acontecía. Con todas esas fotos, hice un álbum. Yo quería recordar aquel momento tal y cómo ocurrió.

Amigos, oraciones y la familia

El día del evento «Susan G. Komen, Race for the Cure» en PR fue bien emotivo. Me sentí conmovida y enternecida por alegría y lágrimas de asombro. Me conmovió tanto las notificaciones constantes e imágenes de mi hermana mientras ella estaba caminando y también las fotos que otros amigos estaban enviándome.

Fue igualmente inspirador la cantidad de palabras de aliento que recibí posteriormente de otras personas que me tenían en sus pensamientos mientras caminaban o corrían en el evento de Susan G. Komen en sus respectivos estados. Ellos me enviaban fotos en señal de apoyo. Notas de amor de mis padres, mis otras dos hermanas y otros parientes también hicieron que mi corazón rebozara de amor y de ánimo.

Un tiempo después, una amiga muy especial que yo no había visto en mucho tiempo, Istra, me llamó un día para decirme que estaba haciendo el «Triatlón olímpico 5150» en Galveston, TX. Ella quería mi aprobación para usar mi nombre asociado a la lucha contra el cáncer de seno en el evento olímpico. ¡Emocionante! No solo fue una gran emoción el escucharla de nuevo, sino también increíble e impresionante saber que alguien iba a llevar en alto mi nombre y la causa por la cura del cáncer de seno en un evento tal. Una vez más, ¡emocionante!

En tantas ocasiones, la fortaleza de Ángel y las oraciones y los mensajes de mucha gente me mantuvieron a flote. Aunque muchas veces no podía ir a la iglesia, yo sabía que había gente orando por mí allí, en otros países y en otras congregaciones y grupos. Podía sentir todas sus oraciones. Una de mis amigas, Zory, me envió un chal de oración rosado. Se llama así porque fue tejido a mano en oración. ¡Eso fue un regalo increíble! Yo solía envolverme en él muchas veces y me daba alivio y fuerzas.

Me encontraba rodeada de tanto amor que yo no tenía suficientes palabras para agradecerles a todos. Las cuantiosas palabras de aliento recibidas y las visitas especiales, todo me recordó lo bendecida que era y me inspiró a mantenerme luchando durante la batalla.

Desde mi diario

Una de mis amigas viene a verme y estar conmigo por un tiempo. Ángel está viajando. Realmente aprecio ese gesto, aún más sabiendo que ella decidió dejar a su pequeña princesa y sus chicos para estar conmigo un par de días. Eso es muy valioso para mí.

Desde mi diario

GRACIAS Blanca por el mágico momento de tu visita. Uno de mis mejores instantes: el recuerdo de cuan feliz me sentí cuando vimos ese taxi amarillo aproximándose a la casa. ¡Guau! Gracias por el regalo de esa memoria.

Todo lo que has hecho por mí, Señor, ¡me emociona!
Canto de alegría por todo lo que has hecho.
(Salmos 92:4, NTV)

Manejando la neutropenia

Un efecto secundario potencial para velar mientras recibía la quimioterapia era la neutropenia. La neutropenia es un trastorno caracterizado por un número anormalmente bajo de neutrófilos, el tipo de glóbulos blancos (GB) más importante. Los neutrófilos se producen en la médula ósea y son los glóbulos blancos que ayudan al sistema inmunitario a combatir las infecciones. Estos representan aproximadamente un 50 a 70 por ciento de todos los GB. Cuanto más bajo sea el nivel de neutrófilos, más vulnerable uno es a las enfermedades infecciosas. Si uno tiene neutropenia severa, las bacterias que normalmente están presentes en la boca y el tracto digestivo pueden causar infecciones. Por lo tanto, los pacientes con neutropenia son más susceptibles a las infecciones bacterianas y sin atención médica inmediata, la condición puede llegar a ser mortal. Poco sabía yo que la neutropenia iba a tener un gran impacto en mi tratamiento.

¡Nada de besos en la boca!

Un par de días después del primer tratamiento, la neutropenia me azotó sin piedad. La mayoría de los niveles de GB eran tan bajos que ni siquiera se mostraban en los resultados de laboratorio. Me dijeron que tenía neutropenia severa y que esto era muy delicado y serio. Elizabeth, la enfermera principal, estaba bien seria y comenzó a informarme acerca de todas las precauciones de salud y seguridad que debería tener en los próximos días hasta que el nivel de neutrófilos comenzara a subir. Ángel estaba conmigo ese día, así que ella también le estaba explicando a Ángel que hacer. En varias ocasiones ella reiteraba lo delicada y seria de la situación en la que me encontraba, como para asegurarse de que ambos tomáramos las medidas que fueran necesarias para no comprometer mi salud.

Mientras nos informaba sobre la lista de cosas «que hacer» y «que no hacer», Elizabeth hizo una pausa y me preguntó si teníamos alguna mascota. Le dije que teníamos una perrita. Inmediatamente me enfatizó que me mantuviera alejada de la perra y evitar cualquier contacto, incluyendo acariciarla.

Imagino que Ángel sintió la necesidad de añadir un poco de humor a la sombría situación, y dijo:

—¡Ah! ¿Yilda escuchaste eso? ¡Nada de más besos en la boca al perro!

Elizabeth me miró con asombro e incredulidad y dijo:

—¡Yilda!

—¡Eso es mentira! —le respondí a Elizabeth mientras miraba a Ángel con sorpresa e incredulidad tratando de desmentir inmediatamente lo que él acababa de decir—: ¡Yo nunca hago eso!…¡Ángel!

Elizabeth se dio cuenta que Ángel estaba bromeando y nos reímos un rato. Luego continuó hablando y haciéndonos realmente conscientes de las precauciones de seguridad y de salud para tomar en y fuera de la casa por los próximos días para minimizar cualquier riesgo de infección. Antes de salir de la clínica, me dieron un medicamento para estimular el crecimiento de las células blancas de la sangre en mi cuerpo. Tenía que recibir ese medicamento durante los próximos días y mi sangre iba a ser monitoreada muy de cerca para comprobar si estaba respondiendo al mismo.

Cuando nos preparábamos para salir, Elizabeth nos dio un gran beso y un abrazo a los dos. En el momento que nos estábamos acercando a la puerta, ella nos dijo en alta voz:

—Y señora Rivera… ¡No más besos en la boca al perro!

Amber estaba entrando en la habitación cuando escuchó eso, y se detuvo para decir: «¡Qué!» —con esta única cara de repugnancia.

—¡Eso no es verdad! ¡Yo no hago eso! —le dije tanto a Elizabeth como a Amber, con sorpresa y mirando a Elizabeth con los ojos bien abiertos.

Todos nos reímos. Entonces Elizabeth se acercó y le dijo a Ángel mientras lo miraba muy seriamente a los ojos:

—¡Tú, cuida bien de ella!

—Lo haré. Claro que lo haré. Siempre lo hago —respondió Ángel firmemente mientras le agradecía por preocuparse tanto por mí.

Entonces ella nos dio otro abrazo y me dijo: «Todo va a estar bien. Solo tienes que seguir las reglas y llámanos si tienes alguna pregunta, te sientes deshidratada o pasa algo.

Neutropenia y los efectos secundarios de la medicación

Tuve que lidiar también con los efectos secundarios asociados a la medicación que me ayudaba a aumentar el nivel de neutrófilos, los más molestos eran el dolor en los huesos y el dolor muscular. Tuve que lidiar no solo con el dolor constante causado por la medicación y los efectos de la quimioterapia, sino también con el aislamiento durante esos cuatro o cinco días en que estaba con neutropenia severa, justo después de la dosis regular de quimioterapia.

Tenía que estar separada en una habitación lejos de mis hijos. Eso era doloroso. Yo estaba prácticamente indefensa hasta de mi propio cuerpo. Los niños solían lanzarme besos desde la puerta. Así que jugábamos a lanzar y a atrapar besos entre nosotros. El lavado de manos antes de entrar a la habitación era mandatorio. Ángel y yo tuvimos que aprender a manejar mi dieta particular y la rutina asociada a cuando estaba neutropénica.

El manejar y hacerle frente a la neutropenia era abrumador. En algún momento durante el tratamiento, desarrollé una infección. Yo supe que estaba en serios problemas cuando vi la cara de mi doctora cuando me dijo que tenía una infección y que estaba severamente neutropénica al mismo tiempo. Ella llamó a Elizabeth a la habitación. Yo sabía que estaba en una situación precaria cuando mi oncólogo llamó a otro médico para verme inmediatamente, para discutir y coordinar el plan de tratamiento, junto con la quimioterapia. Si yo no respondía al tratamiento, la quimioterapia iba a tener que ser pospuesta y eso no era bueno.

La quimioterapia se administra en ciclos. Estos varían en función del tipo de quimioterapia que se está recibiendo. Los ciclos pueden ser modificados en función de cuál es su reacción a la quimioterapia, pero no hay mucha flexibilidad sin comprometer la eficacia de todo el tratamiento. Por lo tanto, me sentí como sumergida en una nube oscura y profunda.

Estaba inmensamente preocupada. Estaba triste. Simplemente esperaba. Durante la espera, oraba mucho. Adoraba al Señor de mi vida y ponía mis preocupaciones y mis problemas delante de él.

¿Por qué te abates, alma mía, y te turbas dentro de mí?
Espera en Dios, porque aún he de alabarlo,
¡salvación mía y Dios mío!
(Salmos 42:5, RVR1960)

Aunque un ejército acampe contra mí, no temerá mi corazón;
aunque contra mí se levante guerra, yo estaré confiado.
(Salmos 27:3, RVR1960)

Gracias a Dios, comencé a responder a la medicación de la neutropenia y a los antibióticos, y no tuvimos que retrasar la quimioterapia por mucho tiempo. Pero los médicos todavía no querían cantar victoria, sino que me siguieron mirando muy de cerca durante las próximas semanas. De ninguna manera no estaba libre de peligro.

Algo más grande

Así como la quimioterapia era cíclica, la neutropenia era cíclica también. Podía esperar recaer con neutropenia cerca del quinto día después de la dosis de quimioterapia. Ya todos sabíamos el ritual y nos preparábamos para ello. Muchas veces le dije a Ángel que llevara a los niños a una actividad al aire libre y que se divirtieran, mientras yo me quedaba en casa. Yo no quería que ellos sacrificaran la opción de salir, de relajarse y de pasar un buen rato fuera de la casa.

Mientras tanto, tenía que mantenerme alejada de lugares concurridos para evitar la exposición a gérmenes o bacterias pues mi cuerpo estaba indefenso para luchar contra estos. Yo no podía dejar de llenarme de tristeza durante esos días en que estaba neutropénica. Ya que no podía ir a la iglesia, acostumbraba a conectarme muchas veces al enlace en Internet de mi iglesia para escuchar los sermones.

Una de esas veces el sermón fue sobre 2 Corintios 1. Ese capítulo fue alimento para mi alma. Me conmoví de inmediato por la primera parte de este capítulo y por la manera en que el Señor nos consuela en todas nuestras tribulaciones para que podamos también nosotros consolar a los que sufren por medio de la consolación que nosotros mismos recibimos de Dios (versículo 4). Luego el versículo 5 añade que de la misma manera que los sufrimientos de Cristo abundan en nuestras vidas, así también en Cristo nuestra consolación. Al leer esto, yo declaraba que el poder del Señor estaba rebosante en mí. Él me estaba restaurando y me alimentaba.

Dios es maravilloso a través de su palabra. Él es fiel a su palabra.

> [20] *porque todas las promesas de Dios son en él «sí», y en él «Amén», por medio de nosotros, para la gloria de Dios.* [21] *Y el que nos confirma con vosotros en Cristo, y el que nos ungió, es Dios,* [22] *el cual también nos ha sellado y nos ha dado, como garantía, el Espíritu en nuestros corazones.*
> *(2 Corintios 1:20-22, RVR1995)*

En medio de las circunstancias es que se manifiesta la gracia de Dios. Yo era entonces una vasija de barro lista para recibir el mejor vino. Yo era un cuerpo golpeado a punto de recibir el levantamiento y el poder sanador del Señor. Repetía en mi mente: «Él está en control. Mis preocupaciones y mi aflicción están delante de él. Él cuida de mí y él sabe mi oración antes de que yo venga ante su presencia. Él proveerá». Muchas veces yo no tenía palabras para orar. Me quedaba allí, en silencio y sobrecogida de emoción anhelando permanecer en su presencia.

De igual manera, el Espíritu nos ayuda en nuestra debilidad,
pues no sabemos qué nos conviene pedir, pero el Espíritu
mismo intercede por nosotros con gemidos indecibles.
(Romanos 8:26, RVR1960)

15Pues ustedes no han recibido un espíritu que los esclavice
nuevamente al miedo, sino que han recibido el espíritu de
adopción, por el cual clamamos: ¡Abba, Padre! 16 El Espíritu
mismo da testimonio a nuestro espíritu, de que somos hijos de
Dios. 17 Y si somos hijos, somos también herederos;
herederos de Dios y coherederos con Cristo, si es que
padecemos juntamente con él, para que juntamente con él
seamos glorificados. 18 Pues no tengo dudas de que las
aflicciones del tiempo presente en nada se comparan con la
gloria venidera que habrá de revelarse en nosotros.
(Romanos 8:15-18, RVC)

En algún momento de mi tiempo a solas con el Señor, llegué a comprender que todo lo que me estaba pasando no se trataba de mí. Tenía que orar. Tenía que orar por mis hijos, por mi esposo, por mi familia, por mis médicos y enfermeras, por mis amigos y por todos aquellos con quienes entraba en contacto. «No se trata de mí, hay algo mucho más grande en todo esto» —pensaba.

Orad en todo tiempo con toda oración y súplica en el
Espíritu, y velad en ello con toda perseverancia y súplica por
todos los santos
(Efesios 6:18, RVR1960)

Manejando la neutropenia

[8] *«Porque mis pensamientos no son los de ustedes, ni sus caminos son los míos—afirma el Señor—.* [9] *Mis caminos y mis pensamientos son más altos que los de ustedes; ¡más altos que los cielos sobre la tierra!*
(Isaías 55:8-9, NVI)

Yo no cuestionaba la paz que me llenaba una y otra vez, porque yo sabía de dónde venía.

[6] *Por nada estéis afanosos, sino sean conocidas vuestras peticiones delante de Dios en toda oración y ruego, con acción de gracias.* [7] *Y la paz de Dios, que sobrepasa todo entendimiento, guardará vuestros corazones y vuestros pensamientos en Cristo Jesús.*
(Filipenses 4:6-7, RVR1960)

Desde mi diario

Estoy de nuevo con neutropenia severa, así que no hay quimio hoy. Cada vez que la quimio se cancela, no es una buena noticia. Eso significa que mi cuerpo no se recuperó como se esperaba.

Con sus plumas te cubrirá y debajo de sus alas estarás seguro; escudo y protección es su verdad.
(Salmos 91:4, RVR1995)

Días sombríos

Mi segundo régimen de quimioterapia tuvo que cambiar porque tuve una reacción muy adversa al Taxol. El Taxol es uno de los tantos fármacos usados para la quimioterapia. Desarrollé una neuropatía periférica[1] aguda justo en el comienzo de la administración de Taxol. Eso fue inesperado y

Yo no cuestionaba la paz que me llenaba una y otra vez, porque yo sabía de dónde venía.

muy inusual. No se suponía que esto sucediera. La neuropatía periférica es más común en un grado muy leve al final del tratamiento, que se puede caracterizar por una sensación de entumecimiento en los dedos de las manos y los pies, o por una sensación de hormigueo en estos. En mi caso, la neuropatía periférica fue tan aguda, que si mis manos tenían alguna fricción con algo, estaba de pie o caminando durante un breve periodo de tiempo, sentía una sensación de ardor y de quemazón, o como si estuviera siendo devorada por hormigas de fuego. Ni siquiera podía sujetar el volante con las manos sin sentir dolor. No podía vestirme sin sentir dolor debido a la fricción de las manos con la tela. Podía sentir la quemazón detrás de mi cuello al exponerme al sol. Tuve que ver a un neurólogo de inmediato para determinar la extensión del daño a los nervios y el tratamiento a seguir. En el capítulo de «Manejando las sobras» hablo con más detalle sobre esto.

Con Taxol, sin embargo, yo no sufría de neutropenia severa; pero debido a que no podía tolerarlo, mi médico decidió sustituir el segundo régimen de Taxol con CMF (por sus siglas en inglés), que es una combinación de tres fármacos de quimioterapia: ciclofosfamida, metotrexato y 5-fluorouracilo. Esto significaba las estadísticas proyectadas para reducir la recurrencia del cáncer con la quimioterapia adyuvante en particular que estaba recibiendo, ya no me aplicaban. Otra puerta más hacia lo desconocido se abría. La doctora me dijo que mi cuerpo le iba a dejar saber cuántos ciclos iban a ser necesarios.

Un día, me sentía bien y fuerte. Me sentía feliz porque estaba siendo capaz de tolerar el nuevo régimen de quimioterapia, o al menos eso creía yo. Después de la pruebas de sangre, el médico me dijo que iban a tener que suspender la quimioterapia porque mi cuerpo ya no aguantaba más. Me quedé muy sorprendida. Aunque me sentía bien y el panel hepático estaba nuevamente volviendo a la normalidad, el nivel de neutrófilos se precipitó otra vez. Aunque yo no estaba con neutropenia grave, todavía estaba en alto riesgo y el número de glóbulos blancos seguía disminuyendo.

La doctora me dijo que mi médula ósea estaba «hablando» y que la misma ya estaba agotada de trabajar duro y constantemente para combatir los efectos de la quimioterapia. Tuve que recibir más inyecciones que lo usual durante algunos días siguientes, por lo tanto más dolor, para ayudar a mi médula ósea a producir glóbulos blancos y aumentar el nivel de neutrófilos. Además, tuve que dejar la ciclofosfamida. Iba a tener una sola infusión más en los próximos 5 días, y así asegurarme de que mi cuerpo se recuperara primero, y por lo menos finalizar el segundo ciclo de ese régimen de quimio. Luego, iba a terminar con la quimio. Una vez completara los estudios de imágenes y verificáramos los resultados íbamos a discutir la posibilidad de la radioterapia y la terapia hormonal adicional.

> ### *Desde mi diario*
>
> Me quedaré en casa mañana, mi salud es primero. A veces me preocupa si me quedarán suficientes días de enfermedad y vacaciones para cubrir mis pruebas, tratamientos y consultas médicas... Tan pronto como esta preocupación se asoma, la voz interior de que «Dios cuida de mí», viene y me rescata. Sí; Dios me cuida.

Cada vez que la neutropenia severa me azotaba, no podía evitar sentirme triste. En uno de esos días quería escribir algo. Apreté con fuerza el lápiz y tomé mi diario. Empecé a recordar momentos felices con mi esposo y mis hijos. Tantas memorias me llenaron de felicidad. Entonces puse la punta del lápiz en el papel y escribí las siguientes palabras:

> ### *Desde mi diario*
>
> Si alguna vez dejo este mundo
>
> Les miro, y doy gracias al Señor por la oportunidad que me dio de ser su madre. Si alguna vez dejo este mundo, me iría feliz, con alegría en mi corazón por la oportunidad que tuve de amarles, de guiarles, de enseñarles, de mostrarles todas las cosas que conozco, de guiarles en las matemáticas (mi clase favorita) y por ser testigo de cuan brillantes se vuelven ustedes cada día.
>
> Yo me iría plenamente feliz, de haber conocido a un esposo que, a mi lado, esté luchando junto a mí. Yo dejaría este mundo llena de alegría, porque tú valoras y le das prioridad al tiempo con nosotros, tu familia. Me iría con regocijo por tu amor y por poder amar a Dios junto a ti.

La neutropenia estaba interrumpiendo mi tratamiento de una vez por todas. Allí estaba yo, con un tratamiento incompleto de quimioterapia a merced de un cáncer que amenazaba mi vida. Entonces, como un trueno la palabra de Dios me rescató de ese pensamiento. La canción del grupo «Casting Crowns» titulada «The Voice of Truth» (La voz de la verdad) estuvo en mi mente toda esa tarde después de dejar la oficina del médico. La palabra de Dios me decía que no tuviera miedo. Me estaba diciendo que me apoyara en Dios, que dependiera de él. Mi Señor me estaba recordando que debía mantener mi confianza en él. Entonces oré:

—Cada paso que doy, Señor, te lo doy a ti. Voy a elegir escuchar y creer tu palabra de verdad.

Después que oré, me di cuenta de que aún no había leído el versículo de la Biblia que recibía en mi correo electrónico cada día. Lo abrí y allí estaba este versículo en espera de ser leído, en mi buzón, en el momento en que más lo necesitaba:

> *¡Tú guardarás en perfecta paz a todos los que confían en ti;*
> *a todos los que concentran en ti sus pensamientos!*
> *Confíen siempre en el Señor, porque el Señor Dios es la Roca*
> *eterna.*
> *(Isaías 26:3-4, NTV)*

Quería alabar al Señor con tantas ganas que ni siquiera encontraba las palabras adecuadas. Luego fui a mi cama a descansar. Un buen descanso tranquilo era muy importante para que mi cuerpo se recuperara. Me acosté con este verso en mi mente:

> *Es, pues, la fe la certeza de lo que se espera, la convicción de*
> *lo que no se ve.*
> *(Hebreos 11:1, RVR1960)*

Desde mi diario

Aquí estoy… en tus manos. En tus manos marcadas de amor.

Manejando el agotamiento

Mucho más que un estado físico

El agotamiento va más allá de ser simplemente un efecto secundario a nivel físico asociado a la quimioterapia o la radiación. En mi caso, yo también tuve que aprender a luchar con el agotamiento emocional y mental producido por la ansiedad o la incertidumbre. Tuve que aprender a reconocer ese tipo de agotamiento para poder enfrentarlo. De este modo, podría tomar la decisión consciente para arrastrarme si no podía caminar, y de respirar lentamente si de pronto sentía que no respiraba.

Muchas veces tenía que descansar mentalmente y centrarme en algo más grande que mi situación para poder tomar un momento, recargar mis baterías y seguir avanzando y luchando. Un día en el trabajo, estaba yendo a través del día minuto a minuto. Estaba extremadamente cansada. Daba un paso tras otro, pidiéndole al Señor que renovara mis fuerzas para «sobrevivir» ese día. Mis preocupaciones y mi situación se volvieron una carga pesada para mis hombros y mi mente.

Yo estaba en un profundo silencio la mayor parte del día, tratando de enfocar mi mente en mis proyectos en el trabajo, y haciendo un gran esfuerzo para dejar a un lado mi situación personal. Para el mediodía, ya estaba agotada. Un cansancio extremo me sofocaba hasta los pensamientos. Estaba almorzando con mi amigo Todd en la cafetería. En algún momento abrí la boca para decir:

—Me siento tan cansada... —le dije mientras tomaba una respiración profunda—. Hoy es uno de esos días en que simplemente espero sobrepasar y que se acabe de una vez. Estoy agotada… y no sé por qué.

En ese momento mi fuerza y mi compostura me traicionaron. Me eché a llorar. Un río de lágrimas lentas y silenciosas comenzó a fluir y a fluir. No podía contenerme. Yo solo tenía la fuerza para poner la cara entre mis manos y respirar... respirar lentamente. Para ese entonces, yo todavía no había empezado la quimioterapia y ya me estaba sintiendo extremadamente agotada. Al decir que yo no sabía por qué me sentía tan cansada, de alguna manera me deprimió. Yo no quería estar triste. Yo no quería estar preocupada.

Creo que yo estaba entrando a esa enorme niebla oscura de la incertidumbre: la preocupación por mis hijos, mi familia y la situación fuera de mi control; todo eso era una carga difícil. Tal vez fue la incertidumbre. Tal vez era la angustia emocional de la toma constante de decisiones en tan poco tiempo. Tal vez era el hecho de que mi familia y muchos amigos estaban a un océano de distancia de mí. No puedo señalar ninguna razón en particular; solo puedo decir que me sentía físicamente, emocionalmente y mentalmente exhausta.

Todd me ofreció dar un paseo y tomar un poco de aire fresco para reanimarme. No me preguntó nada. Simplemente caminamos en silencio. En algún momento puso su mano en mi hombro. Yo sabía que él estaba orando por mí en silencio. Para mí el paseo fue como un largo camino... Yo no sabía si iba a ser capaz de llegar de nuevo a la oficina.

Un dolor desconocido y una agonía insoportable me abrumaban y me ahogaba. «Solo un paso después del otro... —repetía en mi mente— un paso a la vez…». Mi única oración en ese momento era:

—Oh Dios, renueva mi rostro, renueva mis fuerzas, renueva mi espíritu, renueva mi fe. Ayúdame a dar un paso a la vez.

Desde mi diario

Veo a Gabriel creciendo y me acuerdo de cuando era más pequeño. Era tan pequeño que no podía llegar a los grifos del lavabo en el baño. Él usaba un cepillo de dientes como una herramienta para abrir y cerrar los grifos. Yo me quedaba impresionada por ese pequeño detalle y pensaba: «Él está creciendo y aprendiendo a resolver sus propias situaciones». No podía agregar altura a su estatura, pero no se daba por vencido.

Entonces pienso que si él decidía manejar sus obstáculos para poder alcanzar, yo iba entonces a decidir extender mi mano para alcanzar la mano del Señor y no rendirme.

«Estad quietos»

Un domingo estaba en la iglesia y cantamos la canción «Still» (Quieto) del grupo «Hillsong United». Con cada verso, yo estaba cantando mi vida; cantaba acerca de mi caminar. Cada vez que me sentía exhausta, ponía esa canción una y otra vez, y meditaba en la letra. Te invito a que busques y escuches esa canción. Esa canción me recordó el salmo 46.

[1] *Dios es nuestro amparo y fortaleza, nuestro pronto auxilio en las tribulaciones.*
2Por tanto, no temeremos, aunque la tierra sea removida

y se traspasen los montes al corazón del mar;
3aunque bramen y se turben sus aguas, y tiemblen los
montes a causa de su braveza.
10«Estad quietos y conoced que yo soy Dios;...
¡Jehová de los ejércitos está con nosotros!
(Salmos 46, RVR1960)

Sí. Dios me estaba escondiendo debajo de sus plumas (Salmos 91:4). Me podía sentir exhausta, pero mi Dios era poderoso. No era mi fuerza, sino la suya. De la misma manera en que las águilas se elevan por encima de la tormenta, yo iba a elevarme con mi Señor por encima de la tormenta. «Estad quietos y conoced que yo soy Dios».

mas los que esperan en Jehová tendrán nuevas fuerzas,
levantarán alas como las águilas, correrán y no se cansarán,
caminarán y no se fatigarán.
(Isaías 40:31, RVR1960)

Abre mis ojos

Para el tercer ciclo de quimio los días se tornaron muy difíciles. La quimio estaba drenando toda mi energía. El agotamiento y la fatiga eran la regla esos días. Me concentraba en vivir un día a la vez, o hasta un paso a la vez. Incluso hubo momentos en que un día o un paso eran demasiado pesados para soportar. En aquellos momentos, yo entonces me concentraba en un respiro a la vez.

Durante la quimioterapia yo tenía que mantener mi cuerpo bien hidratado para combatir el agotamiento. Mi médico me sugirió beber al menos 64 onzas de líquidos sin cafeína para ayudar a combatir la fatiga y ayudar al cuerpo a deshacerse de los medicamentos una vez que hicieran su trabajo. Me tomé esto muy en serio, pero había días que no tenía ganas de beber o comer y terminaba en la clínica siendo hidratada por vía intravenosa.

Dejé de beber café para garantizar llegar a la cantidad recomendada de 64 onzas de líquidos sin cafeína todos los días. Aunque me las arreglaba para tomar esas 64 onzas de líquidos, y a veces más, hubo momentos en que sentía durante la noche, que mis ojos se quedaban totalmente pegados a mis párpados. ¡No podía abrir los ojos! ¡Era doloroso! Mis membranas mucosas no tenían ninguna humedad sobrante y el medicamento se tragaba cada pedacito de ella. Había días en que mi única opción era acostarme y descansar. El salmo 23 y el salmo 91 estaban muy cerca de mi corazón en esos momentos.

Aunque ande en valle de sombra de muerte, no temeré mal
alguno, porque tú estarás conmigo; (...)
(Salmos 23:4, RVR1960)

Con sus plumas te cubrirá y debajo de sus alas estarás
seguro; escudo y protección es su verdad.
(Salmos 91:4, RVR1995)

Una tarde me sentía tan débil y exhausta que llamé a Ángel y los chicos a la cama para besarlos porque me iba a acostar a dormir muy temprano. También me sentía un poco incómoda y extraña. Alejandro era el último en salir de la habitación, así que le agarré el brazo y le pedí que me leyera el salmo 91 para ayudarme a encontrar el descanso. Él empezó a leer para mí. A medida que escuchaba su tierna voz y las palabras del salmo, comencé a sentir quietud. Le dije que siguiera leyendo hasta el final, aun si me quedaba dormida. Las palabras de ese salmo en esa hermosa voz era la última cosa que deseaba atesorar y guardar en mi corazón en ese momento antes de dormirme. Entonces, como una computadora, me desconecté y me apagué.

Me desperté a la una de la madrugada. No me sentía nada bien. Era como si ni siquiera pudiese sentir que estaba respirando... aunque lo estaba.

—Un respiro a la vez. Un respiro a la vez... —me repetía a mí misma—. Todo está bien. Todo está bien. Mi Señor está aquí.

Traté de abrir los ojos, pero no podía. Mis ojos estaban firmemente pegados a mis párpados y era doloroso tratar de abrirlos. Yo siempre mantenía una botella de agua en mi mesita de noche para poder alcanzarla con los ojos cerrados. Tomando una respiración a la vez, poco a poco extendí mi mano para alcanzar la botella. La agarré y después de asegurarme de que podía sostenerla, lentamente la traje hacia mí. Tomé un pequeño sorbo y mojé mis dedos para con ellos poner un poco de agua en mis ojos. Los abrí lentamente, y en la oscuridad miré el abanico de techo dar vueltas por un rato. Volteé la cabeza y miré a Ángel dormir.

—Todo está bien. Todo está bien —me repetí nuevamente.

Me concentré en tomar un respiro a la vez y en beber pequeños sorbos de agua muy despacio. Entonces, le rogué a Dios que me permitiera abrir los ojos por la mañana para ver a mis hijos una vez más.

Entonces, le rogué a Dios que me permitiera abrir los ojos por la mañana para ver a mis hijos una vez más... ¡Había logrado sobrepasar la noche! Dios me dio un día más... y por eso estaba agradecida. Yo estaba decidida a aprovecharlo al máximo.

No me acuerdo que fue lo ocurrió inmediatamente después de eso. Supongo que me quedé dormida. De una cosa estaba agradecida cuando desperté: ¡Había logrado sobrepasar la noche! Dios me dio un día más... y por eso estaba agradecida. Yo estaba decidida a aprovecharlo al máximo.

A la sombra de tus alas cantaré, porque tú eres mi ayuda. Mi alma se aferra a ti; tu mano derecha me sostiene.
(Salmos 63:7-8, NVI)

Episodios extraños

Yo experimenté algunos episodios extraños. Una noche podía estar sentada en mi cama sin poder dormir. Bajaba las escaleras y me sentaba en el sofá viendo mi familia y amigos como imágenes en mi mente, y de repente estallaba en lágrimas. No podía explicar por qué. Con la poca energía que me quedaba, lloraba y lloraba hasta que ya no había más lágrimas o energía restante. Era como un repentino terremoto que no podía contener.

Podría sentirme culpable por tal momento de debilidad, más aún cuando no podía explicarlo. Yo sabía todo el tiempo que mi Señor me sostenía. Clamaba a Él para que me abrazara fuerte y me acurrucara bajo sus plumas. Su presencia entonces me vestía y después de que derramaba la última gota de energía, me quedaba en su presencia en asombro y reverencia. No era mi propia fuerza sino la suya, lo que iba a ayudarme a superar toda esa situación caótica. Yo sabía que el omnipresente Dios del universo que todo los sabe me veía y que cuidaba de mí de una manera que las palabras no podrían explicar.

Todo eso es parte de la batalla contra el cáncer. Luchas, te cansas, te lastimas, descansas y luego recuperas tu energía y equilibrio. Recuerda que el cáncer no es el fin, es solo algo en medio del camino. Hay algo mucho más grande. Compañero guerrero, tú no estás solo.

Manejando la incertidumbre

Metamorfosis de la incertidumbre

A veces me sentía como una persona invisible, caminando por los pasillos sin realmente estar allí. Me sentía como un reflejo en los ojos de otras personas. Ellos solo veían el exterior y no la lucha que yo estaba decidida a luchar cada día.

Cada día era tan incierto... que aprendí a encontrar la magia de caminar cada día un paso a la vez. Yo estaba empezando a sentirme como un viajero... como alguien que comienza a prestar más atención al camino que al destino. Descubrí que había algo atractivo en la incertidumbre. Era el hecho de saber que Dios estaba en control y el aceptar que dependía de él en cada momento.

Estaba experimentando lo que era el dejar de aferrarme a todas las cosas que atesoraba. Yo estaba buscando ser el mejor administrador que pudiera ser de las bendiciones que había recibido, dando honor a Aquel que me ha dado todo. Quiere lo que ya tienes. Sí, así mismo es.

> *Descubrí que había algo atractivo en la incertidumbre. Era el hecho de saber que Dios estaba en control y el aceptar que dependía de él en cada momento.*

En lugar de enfocarme en buscar explicaciones y en suposiciones, me encontraba viviendo de lleno cada momento. Yo estaba disfrutando de la eternidad que cada paso implicaba, la maravillosa realidad de las bendiciones en mi vida, la risa de los simples, la fuerza inexplicable de un pequeño abrazo y la certidumbre de la presencia de los que estaban a mi lado. Lo demás era solamente decoración, era vanidad.

El día del despido

Un día sonó el teléfono. Era Ángel que me llamaba para decirme que lo habían llamado a una reunión y que él era uno de las únicas dos personas allí. Por su voz, yo creía saber lo que iba a decirme.

Le dijeron que la sección para la cual él trabajaba la habían eliminado. Él fue despedido. Tomé una respiración profunda y de inmediato le dije que lo amaba.

—¿Cuándo es tu último día? —le pregunté.

—Hoy mismo. Estoy guardando mis cosas —Ángel contestó.

Su voz era serena. De alguna manera pensé que él sabía que Dios nos estaba preparando para esto.

—Dios provee —añadió.

—¡Te amo y estamos juntos en esto! Con todo lo que está pasando, estoy segura de que Dios va a mostrar su gracia y su gloria en todo esto. Él solo quiere mostrarnos —dije eso con firmeza.

—Lo sé. Me siento de la misma manera —Ángel dijo—, de alguna manera, me siento tranquilo.

«Dios provee». «Dios proveerá». Esas declaraciones fueron la constante en la mayor parte de la conversación. Definitivamente no teníamos ni idea de lo que iba a pasar. Pensé que Ángel también estaba aprendiendo conmigo a caminar en medio de la incertidumbre... aferrándonos a la mano del Señor. Nuestro llamado es principalmente a creer, y en el proceso, conocer más a Aquel en quien creemos. Dios se encarga del resto.

Después de nuestra conversación, me puse a orar. Las palabras de Lucas 8:50 vinieron a mi mente:

No temas; cree solamente,...
(Lucas 8:50, RVR1960)

Igualmente, diferentes versos comenzaron a fluir en mi corazón y en mi mente:

Jesús le dijo: Si puedes creer, al que cree todo le es posible.
(Marcos 9:23, RVR1960)

Creo; ayuda mi incredulidad.
(Marcos 9:24, RVR1960)

El Espíritu me decía que creyera... Si yo tenía algún rastro de incredulidad se lo estaba entregando al Señor. Comencé a temblar, porque sabía que algo estaba por ocurrir. Yo no sabía lo que era, pero de alguna manera yo estaba segura de que Dios iba a proveer. Le pedí al Señor que preparara nuestros corazones porque sentía que estábamos a punto de experimentar una bendición mucho más grande que nuestra incertidumbre. No tenía idea de lo que iba a suceder; pero yo estaba segura, más que nunca, de que no podíamos hacer otra cosa que mantener firme la fe. Solo teníamos que apoyarnos en Dios. Dije en alta voz: «Señor, esto es para tu gloria. Voy a escuchar y a creer en tu palabra de verdad».

La oración y la fe están relacionadas entre sí. La oración no es simplemente expresar las esperanzas y los deseos más íntimos de uno. La oración es alabanza y buscar la voluntad del Señor mientras se ejercita la fe. Entonces oré:

—Gracias Señor porque en tu grandeza tú me ves. Oh Señor, ayúdame a creer. Tú eres mi fuerza. Ayúdame a descubrir lo que tienes para mí. Estoy en tus manos. Mi familia está en sus manos. Tú nos sostienes.

Jesús le dijo: ¿No te he dicho que si crees,
verás la gloria de Dios?
(Juan 11:40, RVR1960)

¡Asombrosas palabras! Estaba entusiasmada y ansiosa de ver a Ángel para darle un enorme abrazo y decirle de mi oración y esos versículos de la Biblia que estaban afirmados a mi corazón.

Desde mi diario

La oración y la adoración. Ese es mi alimento diario. Mi fuerza. Mi porción. También oro con mis hijos, que ahora tienen 8 y 10 años, y tomamos turnos para orar. Se siente increíble cuando los escucho elevar sus oraciones, dando gracias a Dios por su familia y orando por su mamá. La oración y la adoración es lo que me sostiene cada día, cada momento.

Paz en la tormenta

Cuando llegó el momento de que despidieron a Ángel fue como si Dios nos hubiese estado preparando de antemano. Ya estábamos orando para que Dios preparara nuestras mentes y nuestros corazones y nos sostuviera con su gracia. Había algo incómodo que Ángel llevaba percibiendo en su trabajo durante semanas, y a pesar de que no sabíamos lo que era, teníamos la sensación de que algo estaba por suceder. Debido a eso, ya veníamos orando y estábamos en paz porque sabíamos que Dios tenía un plan en todo esto.

Un día Alejandro le comentó a Ángel con tristeza y preocupación:

—¡Papá, qué mal! Mamá con cáncer y ahora tú pierdes tu trabajo.

—Alejandro, no tengas miedo. Nuestra confianza está en el Señor y Él es nuestro proveedor —Ángel le contestó.

En efecto. Nuestra confianza está en el Señor. Dios es fiel a su promesa. Yo sabía que Dios estaba preparando nuestros corazones para la cosecha. Él no abandona a sus hijos.

Yo oraba constantemente por mis hijos, para que ellos vieran la poderosa mano de Dios sobre nosotros y así ver que Dios restaura y de que Dios es maravilloso más allá de cualquier descripción. Sabía que Dios nos había llevado a donde estábamos. Yo confiaba en que la mano de Dios no te lleva a un lugar en donde su gracia no esté contigo.

Yo oraba constantemente por mis hijos, para que ellos vieran la poderosa mano de Dios sobre nosotros y así ver que Dios restaura y de que Dios es maravilloso más allá de cualquier descripción.

> *Es, pues, la fe la certeza de lo que se espera,*
> *la convicción de lo que no se ve.*
> *(Hebreos 11:1, RVR1960)*

Oraba para que mis hijos sintieran la presencia y la fortaleza del Señor en la situación que todos estábamos enfrentando. Oraba para que su fe se hiciera más fuerte; así que tenía que enseñarles con la acción y no simplemente con palabras. Oraba para que pudieran ver cómo la mano de Dios nos fortalece y calma la tempestad. Quería que fijaran sus ojos en Aquel que nos ama y nos llama.

> *Cercano está Jehová a todos los que le invocan,*
> *a todos los que le invocan de veras.*
> *(Salmos 145:18, RVR1960)*

Desde mi diario

A la voz de mi Señor escucho en medio de la tormenta. En medio de la tormenta fijo mis ojos en Él y extiendo mi mano para alcanzar la suya. Él nos sostiene. Él nos guía. Dios tiene el control: de este cáncer, de la neuropatía periférica, de la neutropenia, de nuestros trabajos, de nuestra situación financiera…

El Señor solo nos pide tener una fe tan pequeña como un grano de mostaza (Mateo 17:20). Seguía orando como ese hombre en Marcos 9:24, «*Señor, yo creo, ayuda mi incredulidad*».

Oraba por mis doctores para que tuvieran visión y la inteligencia de tomar sabias decisiones. Oraba por cada uno de ellos para que Dios los iluminara.

Yo oraba, oraba y oraba. Aquí sigue una oración que escribí en mi diario:

Señor, tú estás preparando el camino para mostrar tu gloria. Estoy sobrecogida de temor reverente. Prepara nuestros corazones para recibir tus bendiciones y guárdanos bajo tus alas.

Toma el control de este aguijón en mi vida que intenta atormentarnos. Prepara mi corazón para tu gran revelación, para tu respuesta. Calza mis pies con el apresto del evangelio de la paz. No permitas que este aguijón me silencie o me doblegue. ¡Mi canto y alabanza son para ti!

Si hay una historia que tengo que contar, si hay algo que hacer, si tengo algo que decir... pon tus palabras en mi boca. ¡Enséñame! Me presento ante ti, porque tú eres mi salvador, mi redentor. ¡Tú eres mi refugio! ¡Tú eres mi fuerza!

Las enfermedades y dolencias vienen a mí como un gigante rabioso tratando de desalentarme o intimidarme. Así como hizo David, me enfrento firme ante ese gigante y le digo: «*Tú vienes contra mí con espada, lanza y jabalina, pero yo vengo a ti en el nombre de Jehová de los ejércitos...*» (1 Samuel 17:45). Me presento ante ese gigante y le dijo: «Tú no tienes ninguna autoridad aquí. Yo no te tengo miedo».

Mi Señor, mi amor, fortalece a mis hijos y a mi esposo para que no tengan miedo. Tu presencia me arropa y me sostiene. En ti yo creo. En ti confío, porque eres fiel a tu promesa, porque he visto tu mano en mi vida. Mi alma te llama desde lo más profundo de mis entrañas. Te llama en adoración y alabanza, con gemidos que las palabras no pueden expresar.

Así mismo, en nuestra debilidad el Espíritu acude a ayudarnos. No sabemos qué pedir, pero el Espíritu mismo intercede por nosotros con gemidos que no pueden expresarse con palabras.
(Romanos 8:26, NVI)

Yo descanso en tu Palabra. Cúbreme dentro de tus plumas. Déjame tocar el borde de tu manto. Lo voy a agarrar y no lo voy a soltar. Gracias por tu abrazo.

Una oración contestada

Una mañana, estaba dándole un corte de pelo de Ángel porque ese día él tenía una entrevista de trabajo. Cuando terminé, lo miré. Se veía tan guapo. ¡Había hecho un buen trabajo! Estaba feliz y ambos oramos juntos por esa entrevista. Yo me sentía relativamente bien, así que tenía que tomar ventaja de eso y decidí ir a la oficina. Si Dios me dio la fuerza para ir a trabajar, iba a ir y a hacer mi parte.

Oré toda la mañana para que la presencia de Dios estuviera con Ángel y por la dirección del Señor en nuestras vidas. En algún momento, miré el reloj y me di cuenta de que ya eran las 11:04 de la mañana y pensé: «¡Oh, ya él está en la entrevista de trabajo!» Seguí orando. El mediodía llegó y yo estaba esperando su llamada. Estaba ocupada en la oficina sintiéndome productiva y feliz; y me olvidé que esperaba la llamada de Ángel. Me mantuve ocupada por un buen rato antes de verificar mi teléfono nuevamente. No me había dado cuenta de que tenía un mensaje de texto en espera: «Me ofrecieron el trabajo».

Alabé al Señor. ¡Cuán grande es nuestro Dios! ¡Cuán maravilloso es nuestro Dios! Llamé a Ángel inmediatamente. Él tenía dos semanas más antes de comenzar en su nuevo trabajo y durante ese tiempo podría continuar ayudándome en mi transición al nuevo régimen de quimioterapia. Me quedé pensando, «¡Una oración contestada! ¡Ciertamente, una oración respondida!»

Dios es fiel a sus promesas y me alegraba de que nunca dejará de seguir trabajando en nuestras vidas.

Desde mi diario

Oh Señor… ¡Si tan solo pudiera besarte y abrazarte en gran manera!

Tú eliges

Cuando leía los versos del salmo 23: «*El Señor es mi pastor; nada me falta...*», toda la ansiedad se desvanecía. Siempre que el miedo o la duda trataban de hundirme, decidía creer en esas palabras. Ese salmo me habló directamente al corazón y fue refrigerio a mi alma.

Si sientes algún temor, duda o ansiedad en tu caminar en la vida, lee el salmo 23 y medita en el significado de cada verso. Puedes sentirte abrumado muchas veces pero recuerda, tú puedes <u>elegir</u> tu actitud. Elige escuchar, elige creer. Puede que no tengas el control de lo que atraviesas —los efectos

Puedes sentirte abrumado muchas veces pero recuerda, tú puedes elegir tu actitud.

secundarios de la quimioterapia, los cambios corporales, los resultados de laboratorio; lo que sea—, pero puedes elegir tu actitud.

Cuando tengas dudas confía en el Señor con todo tu corazón y descansa en sus promesas. Alimenta tu fe de la Palabra de Dios. No te conformes con solo leer la Biblia, estúdiala y tus dudas se desvanecerán. A pesar de que ahora no veas un paso claro, Dios te dará visión. Visualízate a ti mismo como una vasija vacía a punto de ser llena con la presencia y la revelación de Dios. Visualízate a ti mismo como tú quieres estar.

Me encontraba a mí misma luchando cada día contra el miedo y la incertidumbre. Tan pronto como esos sentimientos tocaban a mi puerta, me ponía a orar. Oraba y recordaba los salmos 23 y 91. Esos dos salmos son poderosos. Al miedo desvanecerse, yo estaba lista nuevamente para pelear con fortaleza la buena batalla de la fe.

Oraba constantemente y Dios contestaba. Me daba el valor para actuar, para tomar decisiones, de hacer preguntas y la capacidad de continuar a pesar de la gran incertidumbre. Yo estaba luchando contra un enemigo invisible y me veía a mí misma como David frente a Goliat —según describe 1 Samuel 17:20-47—. El cáncer era un gigante que se burlaba de mi fe y trataba de intimidarme. Pero yo permanecía firme y declaraba: «No me vas a derrotar, no vas a derrotar a mi alma. Me enfrentaré a ti en esta batalla. Yo elijo escuchar y creer en la Palabra de Dios».

¿Quimioterapia incompleta?

Cuando yo no reaccioné bien al tratamiento de Taxol, el médico recomendó cambiar el régimen de quimio a CMF. CMF es una combinación de tres fármacos quimioterapéuticos: ciclofosfamida, metotrexato y 5-fluorouracilo. Se denomina CMF por las iniciales de estos fármacos. Hay varias combinaciones de medicamentos utilizados para tratar el cáncer de seno y CMF es una de ellas. Este nuevo protocolo de quimioterapia típicamente se administraba en 3 ciclos, los cuales iban a repetirse cada 2 semanas.

Puesto que ya tenía 3 semanas de Taxol, no se podía estar seguro de si someterme a 2 o 3 ciclos de tratamientos de CMF. Debido a lo agresivo que resultó el cáncer que tenía, la doctora me recomendó inicialmente someterme a los 3 ciclos completos de CMF, ya que no había manera de medir si el ciclo de Taxol hizo algún beneficio como terapia adyuvante1. La doctora me iba a seguir bien de cerca para ver cómo mi cuerpo iba a reaccionar.

Mi cuerpo no respondió bien. No me recuperaba a tiempo como se esperaba; mi cuerpo estaba agotado. Además, mis resultados de sangre se volvieron locos. «Tu médula ósea nos está diciendo algo», la doctora Kazhdan dijo. Por lo tanto, ella decidió que iba a terminar el segundo ciclo y terminar la quimio.

En mi mente la pregunta era: «¿Y ahora qué? ¿Qué hay de mí y de este tratamiento de quimioterapia incompleto?». Al interrumpir la quimioterapia una y otra vez estaba yo en terreno desconocido en términos de estadísticas de supervivencia a largo plazo. La doctora me dijo que íbamos a discutir más adelante la terapia hormonal. Por ahora, la radioterapia era ahora una opción recomendada. La doctora iba a enviar todos mis datos a un oncólogo de radiación para evaluar la situación y ayudarme a determinar si con la radiación podría tener algún beneficio para reducir la probabilidad de recurrencia del cáncer. En cuanto a la terapia hormonal, la doctora me iba a presentar las diferentes alternativas y recomendaciones para poder tomar una decisión informada. «Demasiada información... demasiado a considerar», mi mente estaba abrumada.

Ante mi insistencia, la doctora decidió discutir los próximos pasos brevemente para satisfacer mi curiosidad. Luego de la conversación, ella me dijo que era bueno para mí para descansar durante una semana, considerar la información suministrada y formular más preguntas. Yo estuve de acuerdo. Ya tenía demasiado para que mi cerebro estropeado con tanta quimio pudiera digerir en ese instante.

Ya que no pude terminar el segundo régimen de quimioterapia (Taxol), ni tampoco el tercer régimen (CMF), me sentí sumergida en un vasto sentimiento de incertidumbre e intranquilidad. Yo estaba ahora fuera de las estadísticas que mostraban el beneficio sostenido de una terapia adyuvante[1] dada en la reducción de la posibilidad de recurrencia del cáncer de seno. Solo tenía mi fe en la presencia de Dios en todo esto, la confianza en mi Señor. Sentía que Dios me preparaba para que yo pudiera descansar en su gracia y en sus promesas, y no en estadísticas o la ciencia. «Él es el que sostiene mi mano... —dije— Dios es mi pastor, nada me falta...».

Bástate mi gracia,...
(2 Corintios 12:9, RVR1960)

Mientras tanto, yo estaba viviendo cada minuto en el sendero, disfrutando de la eternidad que cada paso implicaba, la incertidumbre del camino, la maravillosa realidad de las bendiciones que me acompañaban... la fuerza inexplicable que se encontraba en los abrazos verdaderos... la certeza de la presencia de Aquel y de quienes estaban a mi lado.

Desde mi diario

Voy a luchar. Voy a seguir luchando... No es tiempo para lamentarse.

Durante estos días ponía una y otra vez la canción de Chris Tomlin «Our God» (Nuestro Dios). Cantaba esa canción con todo mi corazón. Esa canción es una canción de la alabanza y afirmación de que Dios es poderoso, grande y fuerte. Es una afirmación de las palabras:

Si Dios es por nosotros, ¿quién contra nosotros?
(Romanos 8:31, RVR1960)

Manejando la ansiedad

Dependiendo de su gracia

Yo mantenía una lista de canciones que me «hablaban» mucho y continuamente las escuchaba. Esas canciones alimentaban mi espíritu y mis oraciones. Eran canciones que me inspiraban durante mi tratamiento. Una de ellas, «Always» (Siempre) interpretada por Kristian Stanfill, siempre me recordaba los muchos salmos que me alentaban y que describían al Señor como mi ayuda, mi fuerza, mi esperanza y mi refugio. También tenía la Palabra de Dios cerca de mi corazón. Estos salmos en particular me dieron mucho consuelo:

Pero yo cantaré de tu poder, alabaré de mañana tu
misericordia, porque has sido mi amparo y refugio en el día
de mi angustia.
(Salmos 59:16, RVR1995)

Cuídame, oh Dios, porque en ti busco refugio.
(Salmos 16:1, NVI)

Cuando cantaba con mi alma y meditaba en muchos versículos de la Biblia, inmediatamente sentía la presencia del Señor. Respiraba y reconocía: «Él está cuidando de mí. Estoy en sus manos, en sus manos marcadas por amor».

Algunas personas me pedían que les contara mi historia. Me dijeron que mi fe en esta situación y mis publicaciones en el blog les inspiraban. Ellos querían saber más. Al principio, yo no sabía qué decirles. No era fácil remontarme a mis momentos más oscuros y difíciles. Sin embargo, esos eran los momentos en que sentí tan intensamente que Jesús me tomaba de la mano o me llevaba en sus brazos. Esos eran los momentos en que soltaba todas las cosas a las que yo trataba de aferrarme, y comenzaba a vaciarme para llenarme de la plenitud del Señor.

Estaba experimentando lo que era dejar de aferrarme a las cosas que atesoraba. A menudo pensamos que cuando se habla de aprender a dejar ir las cosas a las que nos aferramos con tanto esmero, se habla de cosas materiales. Yo comprendí que esto va mucho más allá. Poco a poco me fui despojando de mi sentido de seguridad y confianza en mis economías, en mi trabajo, en mis ahorros y en lugar de esto, buscaba confiar y refugiarme en el Señor. Entonces me di cuenta de lo mucho que trataba de aferrarme a mis hijos y a mi esposo. El miedo sabía esto y constantemente me atacaba por ese lado… a través del miedo a la pérdida. Esto añadía más ansiedad a mi corazón. Yo necesitaba entender que de la misma manera que el Señor me cuidaba, tenía que confiar que mi Señor cuidaría de ellos. Ellos no eran míos, sino bendiciones que Dios me había dado junto con su gracia. Tenía que confiar y depender de la gracia y el amor de Dios y dejarlos ir. Tenía que entregárselos a Dios, ponerlos en sus manos y confiar. El caminar con el Señor comienza con un paso y continúa con ese mismo paso: fe.

Yo estaba poniendo mi voluntad en elegir confiar en Dios. Tuve momentos en que tenía que enfocarme en la certeza de su presencia y de que Él era mi luz en la oscuridad, y que me iba a mostrar el camino. En esos momentos venía a ser una vasija vacía y el Señor me llenaba de su paz más allá de toda comprensión:

Por nada estéis afanosos,
sino sean conocidas vuestras peticiones delante de Dios
en toda oración y ruego, con acción de gracias.
Y la paz de Dios, que sobrepasa todo entendimiento,
guardará vuestros corazones y vuestros pensamientos en
Cristo Jesús.
(Filipenses 4:6-7, RVR1960)

Allí estaba yo en mi debilidad, confiando en el Señor y poniendo todo en sus manos. Me sentía que yo era suya y que Él estaba allí sosteniéndome. En medio de mi neutropenia severa, en medio de mi dolor angustioso, en medio de mi cansancio, su presencia me restauraba y me renovaba desde adentro hacia afuera. Él me dio la fuerza para alabarle y adorarle en mis momentos más oscuros.

Muchas veces cerraba los ojos y me concentraba en tomar un respiro a la vez, solo un respiro a la vez. Hubo momentos en que yo estaba tan agotada que sentía como si me fuera a quedar dormida y no ser capaz de despertar nuevamente. En esos momentos oraba y adoraba al Señor sin palabras. Estaba tan cansada como para pronunciar palabras. Me quedaba dormida con la determinación en mi corazón de no temer, de mantener mis ojos en el Señor y escuchar su voz. «Esto es para tu gloria, oh Señor», afirmaba.

Cuando me despertaba, me sentía un poco mejor. Sonreía y le alababa de nuevo.

Manejando la ansiedad

Porque esta leve tribulación momentánea produce en
nosotros un cada vez más excelente y eterno peso de gloria;
(2 Corintios 4:17, RVR1960)

La fe y las emociones

Estoy convencida de que cuando se busca a Dios con fe, su presencia siempre está ahí, sin importar si uno lo siente o no. Este entendimiento fue precioso para mí. No importaba cómo pudieran estar mis emociones, la certeza de saber que Él estaba allí conmigo, alimentaba mi espíritu y mi fe. No se trataba de positivismo, sino de un entendimiento espiritual y decidir creer. Las emociones van y vienen pero la presencia de Dios es cierta, inmutable.

Recuerdo un momento en que no pude controlar mis emociones y de una manera, estas me traicionaron. Mi esposo estaba de viaje con su nuevo trabajo y mi amiga Blanca vino de Puerto Rico para darme una mano con los chicos y simplemente estar con nosotros. ¡Estábamos bien emocionados por su visita! Yo estaba tan feliz. Mis hijos estaban muy contentos y saltando por todas partes. ¡Incluso el perro estaba feliz! Cuando su visita casi había terminado, yo estaba tan feliz y agradecida: «Gracias amiga por ese momento tan mágico de tu visita». Uno de los mejores recuerdos que tengo de su visita fue el momento en que vi ese taxi amarillo acercándose a la casa. Oré agradeciéndole a Dios y a mi amiga por el regalo de esa memoria.

Mientras oraba y me sentía agradecida por esos momentos, de repente empecé a sentir como explotando en llanto, tal vez porque Blanca ya iba a regresar con su familia en Puerto Rico en unas pocas horas y en un instante me sentí como añorando a todos mis seres queridos juntos. Traté de componerme para no llorar pero yo no sabía qué hacer con el reguero de emociones dentro de mí. Simplemente me puse a llorar como una niñita. Me empecé a sentir ingrata porque estaba llorando cuando debería estar agradecida, y eso me hizo sentir aún peor. Seguí sollozando. No podía contenerme. De repente me sentía tan triste. Cuanto más trataba de controlar mis emociones, peor me sentía. Así que dejé de contenerme y le di rienda suelta a lo que sentía.

Yo estaba a miles de kilómetros de distancia de muchos familiares y amigos cercanos. Ellos estaban por allá, y yo por acá luchando por mi vida. Mis padres estaban muy lejos. De repente me sentía tan débil, tan sola. Ángel

124

estaba de viaje y no estaba cerca para consolarme. No quería que nadie me viera en ese momento de debilidad. Entonces oré: «¡Oh Dios! Toma esta soledad y arrójala lejos de mí. Que tu presencia permanezca firme alrededor de mí».

A pesar de que me sentía de alguna manera culpable de estar llorando desconsoladamente frente a mi Señor, yo sabía que mi Dios es amor. Entonces escuchaba su susurro... «Está bien...».

Ya había estado luchando durante bastante tiempo; supongo que simplemente estaba agotada. Pensé en el hecho de que mi médico iba a detener la quimioterapia porque mi cuerpo no podía aguantar más. Toda esa incertidumbre estaba ante mí. ¿Quién entendería? Una vez más, escuchaba la voz del Señor como un suave trueno: «Está bien...Tranquila...Reconoce que yo soy Dios».

No te sientas culpable si tu fortaleza se derrumba por un momento. Permítete llorar algunas veces. Esto puede aliviar tu alma, pero cuídate de no perderte en la ansiedad. ¡Ánimo! Cobra valor y sigue dando la buena batalla de la fe.

No confíes en tus emociones para que guíen tu fe o para determinar si sientes que Dios está contigo. Cada vez que te sientas atribulado, ejercita la fe y apóyate en la Palabra de Dios con todas tus fuerzas. Con esto el Señor te dará fortaleza y la ansiedad se desvanecerá. Sujeta el manto del Señor. Agárrate fuerte. Deja que su gracia te sostenga.

Desde mi diario

Dios mío, perdona mi debilidad. Mis ojos están fijos en ti. Mi mano está alcanzando la tuya. Gracias por no soltarme. Tú me sostienes fuerte. Es como una explosión de luz en mi interior y alrededor. Entonces, en ti soy fuerte. Tú iluminas mi camino.

echando toda vuestra ansiedad sobre él,
porque él tiene cuidado de vosotros.
(1 Pedro 5:7, RVR1960)

Oh Señor, tu palabra es preciosa para mí. Sigamos adelante.

En lugares de delicados pastos me hará descansar;
junto a aguas de reposo me pastoreará. Confortará mi alma.
Me guiará por sendas de justicia por amor de su nombre.
(Salmos 23:2-3, RVR1995)

[20] *Todas las promesas que ha hecho Dios son «sí» en Cristo.*
Así que por medio de Cristo respondemos «amén» para la
gloria de Dios. [21] *Dios es el que nos mantiene firmes en*
Cristo, tanto a nosotros como a ustedes. Él nos ungió, [22] *nos*
selló como propiedad suya y puso su Espíritu en nuestro
corazón, como garantía de sus promesas.
(2 Corintios 1:20-22, NVI)

[34] *Así que, no os afanéis por el día de mañana, (...).*
[33] *Mas buscad primeramente el reino de Dios y su justicia,*
y todas estas cosas os serán añadidas.
(Mateo 6:34, 33, RVR1960)

Manejando la apariencia

Aceptación

Durante mi lucha contra el cáncer de seno, experimenté que la verdadera fuerza viene de adentro y no está relacionada con la cantidad de músculos que uno tiene. Me di cuenta de que la aceptación de uno mismo y la autoestima juegan un papel muy importante. Tenía que estar orgullosa de «quién soy» y «cómo me veo» para ser capaz de llevar una sonrisa llena de esperanza cada día. ¿Cómo iba a luchar e inspirar esperanza si no estaba contenta conmigo misma?

La mastectomía, el tratamiento contra el cáncer y la reconstrucción no fueron simplemente procedimientos médicos. Fue todo un proceso, un proceso lento de constantes cambios físicos. Durante la mastectomía bilateral tuve expansores de tejido mamario[1] implantados porque, para entonces, no estábamos seguros si yo iba a recibir radiación. Es mejor recibir la radiación antes de que los implantes reales estén presentes, ya que esta puede dañar los mismos. Tuve los expansores de tejido durante meses. Estos se llenaban poco a poco con agua salina durante un período de tiempo para mantener la elasticidad de la piel y preparar el área para los futuros implantes. ¡Vaya, cómo los odiaba! Los expansores eran bien incómodos y las citas para llenarlos lentamente, me hacían sentir como si me fuera a enfrentar al cuco. Inmediatamente después del llenado, tenía que bregar con la opresión y el dolor en el pecho; y ya yo estaba cansada del dolor. Durante un par de días después de cada cita mi pecho se sentía demasiado apretado. Se me hacía difícil sentarme derecha y experimentaba dificultad para dormir ¡Hasta los abrazos me asustaban! Muchas veces mis pobres hijitos iban a darme un abrazo y yo suplicaba de inmediato: «¡Cuidado! ¡Cuidado! ¡Con suavidad! ¡Suavecito!». Tenía dificultades incluso con los movimientos y los giros en el auto. Usar el cinturón de seguridad era particularmente doloroso. Había muchos días en que tenía que decirle a Ángel, que al conducir, no me mirara a la cara para evitar estresarlo.

Muchos podrían pensar que la reconstrucción mamaria después de una mastectomía es algo comparable a una cirugía estética regular para recibir implantes de seno —al menos eso era lo que pensaba—. Tuve que esperar aproximadamente unos 11 meses después de la mastectomía para que me removieran los expansores de tejido y recibir los implantes. Incluso entonces, la reconstrucción no estaba completa. Mientras que los senos iban «creciendo» con el tiempo —a medida que los expansores se llenaban gradualmente—, me di cuenta de que no crecían de manera uniforme. Mis cicatrices y el pecho todavía estaban sanando de la mastectomía bilateral, y esto no era un proceso uniforme. Tan extraño como suene, a veces los pechos no estaban donde se supone que estuvieran. Sin embargo, con todos estos contratiempos y molestias, me alegraba de que gracias a la lucha contra el cáncer de seno y los avances en el tratamiento, ahora los seguros de salud incluyen la cirugía de reconstrucción mamaria después de una mastectomía como tratamiento del cáncer de seno. Según sé, esto no era una opción para los primeras guerreras del cáncer de seno.

No solamente estaba enfrentando y manejando las consecuencias de la mastectomía bilateral y el lento proceso de recuperación, la quimioterapia y sus efectos secundarios, y más tarde la radiación; sino también el proceso lento de reconstrucción de los senos. Tenía que lidiar con los expansores de tejido, con la dificultad para dormir y la irritabilidad que esto causaba, con la presión constante en el pecho y con mi alterada apariencia. El cirujano me dijo que mover los brazos ayudaría a los expansores a bajar un poco más rápido para no tenerlos en la parte superior de mi pecho. La enfermera me consolaba diciéndome que pronto tendría los implantes y que estos serían más cómodos y se verían más natural. Por el momento, tenía que vivir con los expansores de tejido y mi extraña apariencia. Me decidí a ver el lado bueno de esto... no tenía que usar un sostén todo el tiempo, pues estos estaban tan pegados a mi pecho y a duras penas se movían. Decidí usar ropa que no fuera ajustada, a veces un tamaño más grande para poder sentirme cómoda. Me repetía a mí misma: «Esto es temporal. Todo está bien».

Todo mi cuerpo estaba cambiando. Miraba mi rostro en el espejo. Miraba mi cuerpo. ¡Cuánto había cambiado en un par de meses! No tenía pelo, no tenía pestañas, no tenía cejas, mi apariencia era pálida, mi pecho se veía todo extraño con los expansores y las cicatrices, mis manos se veían envejecidas, mis uñas estaban oscuras, mis uñas de los pies estaban opacas... Pero cuando me miraba a los ojos en el espejo, me veía a mí misma. Veía una guerrera. Seguía siendo yo. Me sonreía y decía: «¡Sigue pateándole el culo al cáncer! No te dejes engañar Yilda, no te dejes engañar». Me sonreía a mí misma y de repente, yo era toda hermosa.

Tenía que simplemente aceptarme tal como era. Yo estaba empezando a ganar algo de peso y eso me preocupaba. El doctor me dijo que esto podría ser causado por la medicación. Por lo tanto, comencé a caminar cada vez que me sentía bien y podía hacerlo. Empecé a empujarme a mí misma a caminar un poco más cada vez. Como solía decir a mis hijos: «Si hace mucho calor, quítense la gorra... no hay que quejarse. Siempre hay alguna opción».

Miraba mi rostro en el espejo. Miraba mi cuerpo. ¡Cuánto había cambiado en un par de meses!... Pero cuando me miraba a los ojos en el espejo, me veía a mí misma. Veía una guerrera. Seguía siendo yo. Me sonreía y decía: «¡Sigue pateándole el culo al cáncer! No te dejes engañar Yilda, no te dejes engañar».

Miraba mis opciones y tomaba acción. Si no perdía un poco de peso, no importaba, porque al menos caminar me hacía sentir bien de que yo podía hacer ejercicio y mejorar mi salud en general. Caminar también me dio tiempo adicional para hablar y compartir muchas cosas con mi hijo mayor, ya que él decidió caminar regularmente conmigo. Cuando caminábamos, hablábamos y nos reíamos de diferentes cosas. Pero lo importante era que nosotros estábamos pasando un tiempo valioso juntos. La iniciativa de caminar era no solo acerca de volver a ganar resistencia y tomar el control de mi peso y salud. Se trataba también de ir tras un sentimiento de bienestar en general y de compartir buenos ratos con alguien a quien amo muchísimo.

Cada mañana me enfrentaba a mí misma en el espejo. Me miraba a los ojos y le daba gracias a Dios por otro día. Tenía que estar satisfecha conmigo misma. Entonces así podía sentirme aún más fortalecida. Podía incluso alabar al Señor por mi condición ya que me estaba llevando más cerca para sentir su gloria. «Señor, que tu gloria brille en mí. Tuya es la gloria y el honor», oraba.

Yo estaba dependiendo en el Señor cada día. No podría estar en mejores manos.

—Si esto significa que la gloria del Señor se manifieste, que así sea. Soy tu instrumento y tú eres el maestro tocando una melodía sublime.

Ya que toco el violín, me veía a mí misma como el violín y al Señor como el maestro violinista que estaba restaurando y afinando el instrumento con tanto amor y ternura, para que ese violín pudiera hacer un sonido hermoso, una melodía maravillosa en sus manos. ¡No podría estar más honrada!

Tengo que admitir que hubo momentos en los que estaba en una reunión o hablando con alguien, y tenía la tendencia a ocultar mis manos. A causa de la quimioterapia, mis manos estaban siempre secas y las uñas se veían grises y mustias. No quería que la gente pensara que yo no cuidaba de mis manos o que tenía un hongo repugnante de algún tipo. Yo cuidaba bien de mis manos, en efecto, para asegurarme de que estaban

Me veía a mí misma como el violín y al Señor como el maestro violinista que estaba restaurando y afinando el instrumento con tanto amor y ternura, para que ese violín pudiera hacer un sonido hermoso, una melodía maravillosa en sus manos. ¡No podría estar más honrada!

limpias y húmedas, o de lo contrario se verían como pasas. Así que trataba en esas ocasiones, de mantener mi frente en alto y mantener el contacto visual con la persona con quien hablaba. No sientas lástima por ti misma o por cómo te veas, asegúrate de que la gente vea en ti a una guerrera, y ellos te respetarán por lo que eres y no les importará cómo te veas.

El amor trasciende

Hay dos grandes mandamientos que Jesús menciona en Mateo 22:37-39. El primero de ellos es «*Amarás al Señor tu Dios con todo tu corazón, con toda tu alma, y con toda tu mente*». El segundo es: «*Ama a tu prójimo como a ti mismo*». Leyendo estos versos me daba cuenta de que tenía que aceptarme a mí misma y aprender a amar a esa persona que veía en el espejo cada día. Mientras mejor me aceptara a mí misma, mejor iba a amar a otros.

La aceptación era un proceso, no cuestión de un momento. Yo dejé que Ángel y otros tomaran fotos de mí. Incluso a veces me tomaba fotos de mí misma para aprender a aceptar mi nueva apariencia que cambiaba semana tras semana. El mirarme en las fotografías mientras iba a través de todos esos cambios, me ayudó a aceptarme a mí misma y a verme como a una guerrera; una honorable guerrera que no debía avergonzarse de las heridas en batalla.

Miraba fotos de mí después de cortarme el pelo antes de la quimioterapia como una manera de prepararme para la pérdida inminente del pelo. Miraba las fotos de mí misma, sin pelo, sin pestañas, sin cejas, con pelucas, con sombreros, con bufandas... y siempre me esforzaba para sonreír en cada una de ellas. Quería verme feliz, sin importar lo que ocurría. Y de hecho, me sentía llena de felicidad y alegría. Yo estaba allí en las fotos con mi familia, entre mis amigos, entre los que amo y aprecio. Empecé a contar mis bendiciones que tenían mucho más peso que las cosas que faltaban. Quiere lo que ya tienes, de esta manera estarás satisfecho. De esta manera, siempre serás rico.

Jugaba con mi apariencia. Me ponía mis pañuelos y los combinaba con mis sombreros. Siempre he sido una fan de los sombreros y ahora tenía una muy buena excusa para usarlos. Nunca llegué a teñir mi pelo negro. Así que me compré una peluca de color «marrón-rojizo». Siempre que me sentía con ganas de verme algo diferente me ponía mi peluca color «marrón-rojizo». Decidí aceptarme y amarme a mí misma tal cual era.

Esas palabras de amar a tu prójimo «*como a ti mismo*» no solo implicaban respetar y estar satisfecha conmigo misma, sino también a alabar y a estar agradecida al Señor. De hecho, empecé a amar a los demás aún más. Al amar a los demás, sentía una tremenda necesidad de difundir la palabra de Dios y su fidelidad. Necesitaba compartir las bendiciones de su presencia en mi vida y cómo me estaba fortaleciendo y dándome paz en medio de la tormenta durante mi lucha con el cáncer. Yo no podía mantener las bendiciones de Dios únicamente para mí. Tenía que tomar acción y compartir mi testimonio. No podía quedarme callada.

Cada vez que tenía la oportunidad de dar una palabra de esperanza y fortaleza a alguien, lo hacía con amor. Mi capacidad de abrazar, de pensar en los demás, de orar por los demás incluso más que por mí misma, aumentó. Me encontré llenando las tarjetas de petición para oración en mi iglesia con las peticiones por personas que conocía. Oraba por personas que luchaban con otras enfermedades y condiciones, oraciones por otros por dirección, por la fuerza y la protección de Dios, e incluso por la salvación y restauración de aquellos a quienes Dios ponía en mi corazón. También oraba constantemente por mi esposo para que pudiera ser lleno con la fuerza que solo Dios da, porque él estaba llevando una gran carga con toda la situación haciendo malabares con las obligaciones de su trabajo, con mi situación de salud, los niños y las tareas domésticas. Oraba por mis hijos, para que ellos se refugiaran bajo las alas del Señor y para que crecieran en el conocimiento de la Palabra de Dios, de su amor, de su majestad y de su justicia. El orar por los demás también me dio la paz de comprender y vivir cada día con el conocimiento de que Dios estaba en control.

Me di cuenta de una sinergia poderosa en esos dos grandes mandamientos dados por Jesús. Al amar a Dios con todo mi corazón, con toda mi alma y con toda mi mente, quería buscarle más a través de su palabra; y a medida que descubría más de su amor, yo le amaba más y más. Al tener que amar a los demás como a mí misma, empecé a aceptarme a mí misma sin importar lo que ese cáncer y su tratamiento me estaban haciendo. Yo estaba satisfecha y mi fuerza como guerrera aumentó. Yo estaba dispuesta a luchar contra el cáncer cada día con una actitud positiva alimentada por la fe. Al amar a los demás, salía y le daba la cara a la vida en lugar de aislarme a merced de la crisis. No estaba escondiendo mi experiencia a través del cáncer. El cáncer no era algo por lo que debía avergonzarme o lamentarme, sino una herramienta para ponerme en las manos de Dios Todopoderoso y de compartir su presencia con los demás. Al amar a mi prójimo, yo también experimenté una aceptación más profunda hacia los demás, sin importar su credo religioso o su situación particular. Me sentí en la libertad de compartir mi amor por Dios sin miedos ni prejuicios. ¡Tenía un enorme regalo de redención para compartir! Jesús no es religión. Jesús es vida. Tenía un regalo de vida para compartir. Sentía el amor fluir al escuchar a otros y respetarlos. Al amar a otros, sembraba con amor y oración, para que el poder de la Palabra y el amor de Dios florecieran en los corazones de ellos. Al amar a los demás no perdía tiempo en discutir diferencias o en contender en asuntos controvertibles de la fe, sino que me enfocaba en el amor, en escuchar, en compartir y hasta reír con otros.

La vida es demasiado corta para albergar resentimientos por lo que otros me hicieron a mí o a mi familia, o por lo que otros no hacen o no hicieron por mí. Al amar, experimento una sensación de libertad a través del perdón. Al amar a otros, yo oraba por los demás, a veces incluso más que por mí, y experimentaba una sensación de paz más allá de mi comprensión. Una paz para caminar cada día sabiendo que Dios está en control, una fortaleza para enfrentar cada día y de batallar con honor la buena batalla de la fe con la armadura de Dios. El saber que Dios estaba en control me dio más amor hacia Aquel que me protege. Así que al amar a Dios, me amo a mí misma, amo a los demás y amo a Dios mucho más. El amor de Dios trasciende.

¡Levántate! Identifica lo que puedes hacer y puedes ofrecer, y olvídate de lo que otros puedan pensar de ti. La verdadera belleza no está en la apariencia; no te dejes engañar. La verdadera belleza viene de adentro.

Manejando la radiación

Esto aún no termina

El tratamiento de quimio había terminado, pero la posibilidad de radiación se avecinaba. Anteriormente, había descartado la radiación porque iba a someterme a una quimioterapia agresiva. Sin embargo, tenía que asimilar el hecho de que el tratamiento aún no había terminado y que ahora la terapia de radiación era inminente.

Tengo que admitir que odiaba la posibilidad de la radiación. Ni siquiera sabía si la iba a odiar más que a la quimioterapia. Una vez más, decidí colocar mi confianza en Dios y poner mi oración delante de Él. Me agarré fuerte a su voz: «Yo estoy contigo». Yo no sabía que sentir. Aún quedaban muchas decisiones que tomar.

Era como estar en el ojo de un huracán. El ojo de un huracán es esa zona de relativa calma en el centro de la tormenta que se caracteriza por cielos despejados y tranquilos. Ese ojo está rodeado por una pared circular que cuenta con los vientos y lluvias más intensos del huracán. Yo estaba saliendo de la enorme turbulencia y experimentando una especie de calma, una especie de alivio. Tenía que elegir si quedarme en esa quietud y escapar, o enfrentar el resto de la intensa tormenta.

—Oh Señor, no sé qué pedir —oré—. Quisiera pedirte no tener que pasar por la radiación... pero de nuevo, tengo que orar en tu voluntad. Oh Señor, enséñame a orar en tu voluntad en esta situación. Envuélveme en tus alas. Te necesito cada momento, en cada paso del camino.

Un oncólogo de radiación que evaluó mi caso me informó que ante el cáncer de seno agresivo que me atacó y dada la situación con mi tratamiento de quimioterapia, que sin duda, podría beneficiarme de la radiación. El beneficio potencial del tratamiento superaba bastante los riesgos. Anteriormente, el pequeño beneficio que la radiación podía aportar no ameritaba la pena de ir a través de ese tratamiento. Ahora, todo había cambiado. Dos médicos estaban recomendando la radiación para reducir la posibilidad de la recurrencia del cáncer. Me encontré de nuevo con la pregunta: «¿Qué quieres hacer?»

«¿Qué quiero hacer?» ¡Por supuesto que no quería ir a través de la radiación! Pero yo estaba luchando por mi vida; estaba luchando para poder estar más años con mi familia, para ver crecer a mis hijos. No podía simplemente cruzar mis dedos y esperar que no pasara nada. Yo tenía una responsabilidad con mi salud; tenía una responsabilidad con mi familia.

—Señor, te ruego por sabiduría. Dame el valor para tomar esta decisión. Tú has sido mi fuerza hasta aquí. Tú seguirás siendo mi fuerza.

Con esa convicción, decidí continuar con la radiación. En algún momento durante mi tratamiento de quimioterapia, mi cirujano plástico me dijo que las dos cosas que él más odiaba eran la neutropenia severa y la radiación. La primera de ellas, la neutropenia severa, él la odiaba a causa de las complicaciones de salud que pueden afectar el proceso de recuperación y las serias implicaciones. Debido a que había experimentado neutropenia severa varias veces, ya le había dado todas las preocupaciones asociadas a su primera cosa más odiada. Pronto lo iba a ver para hacerle saber él también iba a tener que trabajar con su segunda cosa más odiada, la radiación. La cirugía final de reconstrucción de los senos tendría que esperar.

La radiación... Los viajes

Empecé el tratamiento de radiación con mi cabeza en alto. El plan era: seis semanas completas de radiación todos los días. Tenía que aplicarme una loción especial para proteger mi piel varias veces al día y cada semana el médico revisaría la zona afectada. Al mismo tiempo, iba a iniciar la terapia hormonal por los siguientes cinco años.

Programé las sesiones de radiación después del trabajo para poder descansar luego del tratamiento y poder ir a trabajar al día siguiente. Muy pronto, comencé a sentir los efectos. El primero en mostrarse fue el cansancio. Por lo tanto, estaba manejando el cansancio encima del agotamiento que ya venía arrastrando como parte de la quimioterapia.

Ángel estaba viajando mucho con su nuevo trabajo, tan a menudo como una semana sí y otra no. A veces estaba ausente durante dos semanas seguidas, llegaba durante una semana y luego se iba otra vez. Tenía que bregar con mi trabajo, la radioterapia, el cuidado de los niños, el trabajo escolar, la cocina, las tareas del hogar y cualquier trabajo incidental mientras que Ángel estaba de viaje. Él se sentía valorado en ese nuevo trabajo y yo estaba feliz por eso. Veía en sus ojos que él prefería estar conmigo mientras me sometía a la radiación, pero yo no quería que volviera a sacrificar su trabajo. Le dije que mientras pudiera manejar todo, iba a seguir manejando todo. En caso de que me cansara y no pudiera trabajar, pues me iba a quedar en la casa. Le recordé que había gente en el trabajo que se ofrecieron a donarme horas de vacaciones para que, en caso de que se me terminaran todos mis días de enfermedad acumulados, yo pudiera seguir recibiendo mi paga y seguro médico. Yo estaba bien cerca de ese punto. Continué orando.

Después de tres semanas de radioterapia, la energía empezó a declinar. Yo estaba empezando a sentirme «asada». En algún momento, entre el levantarme por las mañanas, preparar los niños para la escuela, el trabajo, el tratamiento, buscar los niños a la escuela, cocinar, ayudar con las tareas escolares, preparar la cocina de nuevo para el día siguiente... comencé a sentirme completamente desgastada.

Un día me sentía tan mal que le pedí a Alejandro que me ayudara a revisar las tareas de Gabriel y le explicara lo que había que hacer si tenía alguna pregunta. También le pedí que me ayudara a repasarle la lectura y la ortografía. Inmediatamente después, me hundí en la cama y no pude levantarme. Alejandro no solamente completó su propia tarea, sino que pudo ayudar a su hermano con el trabajo de la escuela y a estudiar. ¡Él salvó el día ese día y muchos otros! A su corta edad de 10 años tomó la responsabilidad de ayudar a mamá y a cuidar de su hermano. Incluso Gabriel que tenía 8 años de edad, estaba ayudando con algunos quehaceres de la casa y tratando de mantener su habitación en orden. En lugar de ellos pedirme si por favor podía traerles algo de beber, yo era la que tenía que pedirlo, y ellos me contestaban amablemente: «Está bien mamá. ¿Quieres agua o jugo?».

Le agradecía a Dios por ellos. Yo siempre les decía que como familia teníamos que cuidarnos y respetarnos el uno al otro. Ellos estaban haciendo precisamente eso y estaban alegres de hacerlo. Cuando Ángel regresaba de sus viajes, yo le decía todas las cosas buenas que los niños hicieron para ayudar y todos celebrábamos.

Llegó el momento en que tuve que decirle a Ángel que tratara de ver si podía poner sus viajes en suspenso hasta que yo terminara la radiación. Ángel no vaciló. Se quedó en la casa por varias semanas y ayudó a otros en la oficina a completar otros proyectos.

Desnudándome

Ángel no viajó durante las próximas semanas, pero en algún momento tuvo que hacer un viaje más. Yo estaba otra vez por mi propia cuenta y ya me estaba sintiendo bien azotada por la radiación. Mi piel ya estaba quemada y me dolía cuando la ropa rozaba mi piel a pesar de toda la crema que aplicaba en el área. Estaba agotada. Era como si uno estuviera corriendo un largo maratón y uno sabe que está cerca del final. El paso ya no es tan fuerte como cuando empezaste; te encuentras débil y puedes incluso estar cojeando. Uno jadea por aire constantemente por el agotamiento, pero sabes que no puedes rendirte, que tienes que seguir adelante. Todo está en cámara lenta y tú permaneces con el pensamiento de: «Yo voy a lograr esto».

Una mañana cuando los chicos ya estaban en la escuela, puse un poco de música instrumental relajante y estimulante y me fui a mi habitación. Mientras escuchaba a la hermosa música de arpa, tomé un bolígrafo pues quería escribir. Yo estaba tan cansada; pero oré y después de un rato encontré la fuerza para sostener el bolígrafo y escribir.

Yo sabía lo que mi corazón estaba a punto de escribir. Yo sabía que mi Señor también sabía lo que había en mi corazón. Mis pensamientos eran como una marcha de oraciones, de esperanza y una confesión. Mi alma se iba desnudando ante Dios. Comencé a escribir:

> Radiación. La mitad de mi pecho está quemado. Me siento muy cansada. No he llamado a mi oficina todavía. Aún estoy tratando de encontrar la energía para llamar.
>
> Estoy tratando de pensar y no pensar. Mi oración hoy es: «Oh Señor, lléname de fuerza. Déjame descansar un rato en tus brazos mientras me llenas con tu fuerza». Filipenses 4:13 estaba en mi mente: *«Todo lo puedo en Cristo que me fortalece».*
>
> Una vez más, me encuentro pensando en mis chicos, mis hijos. Ángel está viajando otra vez. Estoy por mi propia cuenta en estos días. No puedo ocultar de ti estas preguntas que siguen llegando a mi mente.
>
> Confío plenamente en su padre para cuidar de ellos si yo no estuviera presente. Pero… ¿Quién se hará cargo de ellos si los dos no estamos aquí? ¿Quién va a amarlos como lo hacemos nosotros? ¿Quién va a mantener su educación espiritual que se centra en una relación personal y cercana contigo? ¿Quién va a cultivar en ellos el amor por la música y estimularlos a seguir tocando el violín o el piano o cualquier instrumento musical? ¿Quién se mantendrá animándoles a

soñar y a ser ellos mismos? ¿Quién les amará tanto como para negarse a sí mismo y ponerlos a ellos primero? ¿Quién los va a criar con una misión, en una misión divina en el temor amoroso de ti, oh Señor?

Mi Señor, cuida de ellos siempre, si estoy presente o no. Que tu Espíritu los guíe y los cubra. Abrázalos con tu presencia. Que tú seas todo para ellos.

La música se detuvo. Yo continué mi conversación con Dios:

Estoy sintiendo tu paz, y mi fuerza está ante ti. Levanto mi alma en gratitud. Puedo oír tu voz en mi alma: «Yo estoy contigo».

Podía escuchar mi respiración. Era serena y profunda. Mi alma desnuda prosiguió:

Perdona mi debilidad. Mis ojos están fijos en ti, mi mano está alcanzando la tuya. Gracias por no soltarme. Siento tu presencia que me sostiene firme. Es como una explosión de luz desde adentro y alrededor. Entonces soy fuerte. Tú iluminas mi camino…y entonces tu Palabra me conforta y tus promesas levantan mi espíritu.

> *Perdona mi debilidad. Mis ojos están fijos en ti, mi mano está alcanzando la tuya. Gracias por no soltarme.*

En lugares de delicados pastos me hará descansar;
junto a aguas de reposo me pastoreará. Confortará mi alma.
Me guiará por sendas de justicia por amor de su nombre.
(Salmos 23:2-3, RVR1960)

[20] *Todas las promesas que ha hecho Dios son «sí» en Cristo. Así que por medio de Cristo respondemos «amén» para la gloria de Dios.* [21] *Dios es el que nos mantiene firmes en Cristo, tanto a nosotros como a ustedes. Él nos ungió,* [22] *nos selló como propiedad suya y puso su Espíritu en nuestro corazón, como garantía de sus promesas.*
(2 Corintios 1:20-22, NVI)

Un día más para estar agradecido

Muchas veces me pregunté cómo iba a ser ese último día de tratamiento. Después de 10 largos meses de tratamiento intensivo, entre cirugías, la quimioterapia y la radioterapia, yo estaba en una cuenta regresiva durante esos últimos días de radiación. Estaba tomando cada día poco a poco y con paciencia. Cuando finalmente llegó ese último día de radiación, el personal médico allí me dio una pequeña celebración sorpresa y nos saludamos con alegría y abrazos. Estaba exhausta y feliz al mismo tiempo. Me sentía agradecida porque el Señor me había sostenido hasta el final. Él me dio fuerzas y me permitió estar rodeada de muchos amigos y seres queridos que estuvieron presentes durante el camino. Estaban allí por medio de sus oraciones, palabras de aliento, increíbles actos de amor y apoyo constante. Le di gracias a Dios por todos y cada uno de ellos.

Todavía me estaba recuperando de los efectos de la quimioterapia y la radiación; y aunque me sentía cansada, de alguna manera me sentía fuerte. De camino a casa le di gracias a Dios por su presencia, por su palabra de sabiduría. En mi debilidad, Él fue mi fuerza y me dio valor. Cuando la oscuridad nublaba mi camino, Él era mi luz, mi brújula. Él disipaba el temor con su paz que sobrepasa todo entendimiento. Me sostuvo, nunca me soltó.

El salmo 23 tomó un nuevo significado para mí, de una manera tal que se lo comencé a leer a mis hijos constantemente. Pensé: «La vida es tan frágil, que tengo que compartir con ellos lo más preciado que tengo, que es la presencia del Señor en nuestras vidas». Durante este tiempo, mi hijo mayor tuvo una cirugía para removerle un lipoma, un tumor benigno, de su cuello. Antes de ser llevado a cirugía, le pregunté si quería orar. No solamente quiso orar, sino que también me dijo que quería que yo le susurrara el salmo 23 a su oído. Unimos nuestras frentes y susurramos el salmo 23 juntos y luego compartimos una sonrisa. No fue simplemente un momento más de nuestras vidas, fue un momento precioso. Fue maravilloso que él quisiera oír ese Salmo antes de enfrentarse a lo desconocido.

Volviendo a la pregunta inicial, «¿Cómo se sintió ese último día de tratamiento?». Me sentí muy emocionada, aunque agotada. Me sentía agradecida. Todo lo que quería hacer era descansar un rato... y después de eso, descansar un poco más. Después, iría a celebrar. De todos modos, ya estaba celebrando una gran sensación de alivio. ¡Lo había logrado!

Desde mi diario

Yo sé que la obra de Dios en mí no ha terminado. Nunca habría imaginado que sería transformada por su gracia. Escucho las risas de mis hijos en la distancia, y respiro de gozo. Estamos todos en tus manos, Señor.

Manejando las sobras

La quimioterapia y la radiación sometieron a mi cuerpo a tantos estragos que me tomó algún tiempo volver a mi viejo yo. Mi cuerpo tenía que sanar lentamente de las «sobras» que aún iba arrastrando del tratamiento. Mi análisis de sangre aún no era normal, pero no estaba tan mal, considerando todo a lo que tuve que someterme. El agotamiento era algo que aunque no era constante, iba a estar allí por un largo tiempo, posiblemente hasta un año después de terminar el tratamiento. Además de eso, la terapia hormonal que estaba recibiendo tenía ese cansancio «complementario» junto con el «plato principal».

En mi trabajo, todo el mundo estaba feliz porque finalmente iba volver a mis deberes regulares. Al menos eso era lo que esperaba de mí. Sin embargo, fue difícil arrancar y engranar de nuevo completamente. Las citas médicas seguían su curso, aunque menos frecuente. Todavía tenía cosas de las que cuidarme y estar alerta. Por alguna razón, estaba todavía muy sensible a la luz brillante, más susceptible a las alergias y con los ojos llorosos casi todo el tiempo. Todavía estaba arrastrando esa neuropatía periférica y manejando la situación de que yo tenía que estar a veces en mi trabajo expuesta al sol sabiendo que mi cuerpo no tardaría en comenzar a «quejarse».

Neuropatía periférica

Tuve que lidiar con una neuropatía periférica, la cual desarrollé durante la quimioterapia, por sobre aproximadamente dos años después de la quimio. Al comienzo del segundo régimen de quimioterapia, la neuropatía periférica comenzó a ser molesta pero era tolerable. En cuestión de cómo tres semanas, de repente se puso insoportable. Era como si estuviera siendo atacada por millones de hormigas de fuego comiéndome viva. A veces sentía descargas eléctricas en las manos, los brazos, el cuello, la espalda y los pies. Si caminaba por más de diez minutos, pronto estaría volviéndome loca por la sensación insoportable; tenía que sentarme en el suelo o donde fuera sin importar dónde estaba. Agarrar el volante mientras conducía era algo doloroso debido a la sensación de ardor al tener contacto con algo. Incluso el poner mis manos en mis bolsillos era desagradable ya que cualquier contacto directo de mis manos con telas era también doloroso. De hecho, apenas podía vestirme sin experimentar dolor.

Un día la neuropatía se volvió insoportable y dolorosa, incapacitante. Yo estaba haciendo un poco de limpieza en la casa, barriendo y pasando la aspiradora, cuando de repente mis manos y mis pies se volvieron tan rojos como si estuvieran quemándose. Detuve lo que hacía. La quemazón y el dolor no se iban. Me estaba poniendo sumamente agitada. Le dije a mi esposo que iba a llenar la bañera con agua fría para sumergirme allí. En el momento en que mis pies tocaron el agua fría sentí que me quemaba aún más. La sensación era tan insoportable que ni siquiera podía caminar en la alfombra. Empecé a gatear con las rodillas y los codos para llegar a la cama y llamé gritando a Ángel casi llorando. Le dije que llamara a la doctora inmediatamente. Yo no sabía si estaba teniendo una reacción alérgica de algún tipo. No me podía mover. Estaba tiesa en el cama, boca abajo con los brazos y las piernas extendidos gimiendo y tarareando melodías en mi mente para tratar de calmarme.

Cuando la neuropatía periférica llegó a ese punto, la doctora suspendió inmediatamente aquel régimen de quimioterapia y me refirió a un neurólogo. Teníamos la esperanza de que no hubiera ningún daño permanente a los nervios periféricos. Gracias a Dios, después de algunos estudios, el daño era temporal y con el tiempo los nervios iban a sanar. Era difícil precisar cuánto tiempo iba a tomar. El neurólogo me dijo que a veces, dependiendo del daño, los nervios pueden recuperarse en dos años. Me dieron un medicamento para manejar el dolor al disminuir el número de señales nerviosas para así calmar mis células nerviosas excesivamente sensibles. Con esa medicación «para engañar» mi cerebro, yo podía tolerar la neuropatía periférica. Sin embargo, la medicación, una vez más tenía sus efectos secundarios molestos para manejar. Durante un largo tiempo, todavía podía sentir la neuropatía, especialmente al conducir, al hacer ejercicio, al caminar o cuando me exponía al sol; pero prefería tolerarla y lidiar con esta que aumentar la medicación.

Quimiocerebro

¡Espera un momento! ¿Qué fue lo que dije? Eso mismo: quimiocerebro[1].

Durante y después del tratamiento de quimioterapia, me di cuenta de que se me estaban olvidando muchas cosas; era difícil concentrarme y realizar cálculos mentales. Yo me estaba preocupando y un día se lo dije a una de mis enfermeras en tono de broma. Le dije que yo estaba envejeciendo más rápido de lo debido, o que mi pobre «quimio-cerebro» estaba atrofiado. Ella me miró y me dijo dije que no creía que fuera la edad porque yo era joven —¡madre mía, le di las gracias por ese comentario!—. Entonces ella me dijo que había escuchado el término «quimio-cerebro» anteriormente para referirse a esa falta de concentración o de agudeza mental.

Yo no solo estaba experimentando falta de concentración o de agudeza mental, también estaba experimentando una extraña pérdida de la palabras. Podría estar hablando y de repente me quedaba «en blanco». Incluso un año después del tratamiento esto me seguía sucediendo. Esto era particularmente notable cuando estudiaba con mis hijos. Ellos eran capaces de hacer cálculos mentales y yo estaba simplemente «en blanco». Durante un tiempo me propuse no hacer cálculos mentales para evitar la sensación de como si hubiera perdido algo. Sin embargo, no quise darme por vencida. Luego encontré algunas aplicaciones que instalé en mi teléfono para ayudarme a practicar destrezas de memoria y habilidades cognitivas con regularidad.

Antes no me resultaba difícil memorizar nuevas canciones para tocar en el violín o el piano. Ahora, me resultaba sumamente difícil. No quería que esto me frustrara. Me decía a mí misma que esto no me importaba y que yo iba a seguir intentando, como yo lo hice antes, paso a paso.

Mi quimiocerebro me jugaba trucos una y otra vez. A veces ni siquiera sabía cuál era mi brazo izquierdo o el derecho cuando llegaba el momento de que me sacaran sangre. En mi caso, esto era de suma importancia porque no podía usar mi brazo izquierdo, ni para tomar la presión arterial y tampoco para análisis de sangre. En mi primera cirugía me removieron algunos ganglios linfáticos en el lado izquierdo y no podía usar ese brazo para evitar linfedema[2]. Así que llevaba siempre un brazalete rosado conmemorativo a la lucha contra el cáncer de seno en el brazo izquierdo para estar siempre consciente de cuidar ese brazo.

Hice alguna investigación por mi cuenta sobre «quimio-cerebro». Me di cuenta de que hay una gran cantidad de pacientes con cáncer que han experimentado esta falta de concentración y olvido después del tratamiento. Desafortunadamente, todavía puede haber algunos médicos que pueden trivializar esto y hacer pensar a sus pacientes que todo eso está en sus cabezas. Decidí de todos modos no hablar de esto

Estaba determinada a enfrentarme a mis limitaciones y concentrarme en mis habilidades.

con nadie más. Estaba determinada a enfrentarme a mis limitaciones y concentrarme en mis habilidades.

El quimiocerebro no era una excusa para pedir disculpas o para culparlo por las cosas que yo estaba experimentando, lo que otros pudieran llamar «limitaciones». Sencillamente era otra realidad con la que tenía que bregar y hacerle frente con una actitud positiva. En cuanto a mí, no me importaría ser objeto de burla por estar perdiendo mi habilidad de hacer cálculos mentales y la capacidad fluida de hablar si podía estar presente para ver a mis hijos crecer y compartir con otros las bendiciones que me fueron dadas.

> ### *Desde mi diario*
> Piensa en tus habilidades… no en tus limitaciones.

Menopausia temprana y uñas extrañas

Debido a que las células del cáncer de seno que me atacó se «alimentaban» del estrógeno natural que yo misma producía, yo era una candidata para beneficiarme de la terapia hormonal. Esta terapia pretendía reducir aún más la probabilidad de la recurrencia del cáncer de seno. El «cóctel» hormonal que estaba recibiendo para suprimir la producción de estrógeno, trajo consigo una menopausia temprana. No solo estaba experimentando los sofocos y los sudores nocturnos, sino también podría enfrentar osteoporosis temprana y molestias en las articulaciones. Para protegerme de osteoporosis, tuve que tomar otro medicamento a través de la vena cada seis meses durante un tiempo. Lo mejor que podía hacer era mantenerme activa.

Mis uñas se volvieron opacas al inicio de la quimioterapia y luego grisáceas. Tenía que ser muy cuidadosa con mis manos y proteger las uñas para que no se me cayeran; así que las mantenía bien cortas durante todo el tratamiento. En mis dedos de los pies, las uñas estaban aún peor. El médico me dijo que al igual que el pelo, las uñas se recuperarían con el tiempo y que una nueva uña iba a crecer de nuevo. En mi caso, a mis uñas les tomó unos meses recuperarse.

Mi pobrecito hígado

Las citas para exámenes de sangre eran imprescindibles para el seguimiento médico. En los primeros estudios de imágenes luego de la quimioterapia, había algunos «depósitos de proteínas» en mi hígado. La doctora me dijo que eso era parte de los efectos secundarios de la quimioterapia. Con el tiempo, eso se iba a normalizar de nuevo. Mientras tanto, tenía que tratar de limitar ingerir acetaminofén y utilizar otras alternativas cuando fuera necesario.

«¿El hígado? —pensé—, nunca antes me había detenido a pensar en mi hígado y su función». Me acordé de mis cursos de biología con respecto a la ubicación de hígado, pero eso era todo lo que recordaba. Así que hice una búsqueda y encontré que el hígado tiene muchas funciones vitales en el cuerpo. Una de las más importantes es filtrar las sustancias tóxicas de la sangre, incluyendo el alcohol y muchos medicamentos diferentes, tales como los medicamentos de quimioterapia, antibióticos y acetaminofén. Descubrí que el hígado funciona de alguna manera como Superman: desintoxicando los productos químicos y la metabolización de fármacos; produciendo proteínas importantes para la coagulación de la sangre; almacenando vitaminas, minerales, proteínas, grasas y azúcar; ayudando en la absorción y digestión de las grasas y proporcionando una manera para eliminar los productos de desecho. ¡Con razón mi pobre hígado sufrió tanto! ¡Superman había estado muy ocupado!

Después de aprender sobre mi hígado y sus importantes funciones, me preocupé un poco. Empecé a tratarlo como si fuera mi mejor compañero. Me enfoqué aún más en una buena nutrición. Comencé a ver la comida como un escáner: alimentos buenos versus alimentos malos, alimentos que aportan versus los que no aportan ningún beneficio a mi sistema. Me sentí muy aliviada y feliz cuando mis resultados del hígado finalmente se estabilizaron.

Mi viejo amigo perdido

Mi pelo empezó a crecer muy suave y muy fino. Yo le llamaba «pelo de bebé». Debido a que cuando comencé a perder el pelo, yo removí de mi vista todas las cosas que me lo acordaban, ahora estaba buscando por todas partes todos mis accesorios para el pelo nuevamente. Entre las cosas que las mujeres siempre tienen es un cepillo favorito. Cuando tuve suficiente «pelaje» para comenzar a cepillarme, agarré ese cepillo y dije:

—¡Hola cepillo! ¡Ha pasado un largo tiempo! …¿Me extrañaste? Ahora vamos a seguir trabajando amigo. Haz algo por mi «pelo de bebé». ¡Eso es!

—Mamá. ¿Le estás hablando a tu cepillo? —Escuché a uno de mis chicos comentar desde otra habitación, y luego escuché risitas.

CONSECUENCIAS Y REPERCUSIONES

Manejando las consecuencias

Cuando me acercaba al final del tratamiento agresivo de mi cáncer, sentía una mezcla de emociones. Sentía alivio y preocupación. Experimenté cierta presión basada en las expectativas de los demás —o de mí misma— para volver a mi estado normal antes del cáncer, de poner en la «pantalla grande» la palabra «Fin» y escuchar la música de victoria. Pero después de pasar por esa batalla luchando por mi vida, sabiendo que todavía había unos objetivos por alcanzar y sabiendo que algunas compañeras guerreras quedaron profundamente heridas y fallecieron en batalla; no fue fácil para mí hacerle frente a la transición y a mi «nuevo yo». Me sentía como un soldado regresando de la guerra. Me faltaba la energía y el impulso para encajar de inmediato en mi nueva realidad.

Este capítulo va más allá de las consecuencias y repercusiones del diagnóstico del cáncer y su tratamiento. Toda esta sección no solo abarca lo que sigue luego del cáncer, sino también de cualquier desgracia o situación que pueda trastocar dramáticamente tu vida para un nuevo giro. Enfrentarse a la adversidad con determinación y resiliencia es un desafío personal. Es una decisión a tomar constantemente, una actitud que mira hacia adelante.

> *Enfrentarse a la adversidad con determinación y resiliencia es un desafío personal. Es una decisión a tomar constantemente.*

Practica la resiliencia

La resiliencia es un proceso. Se relaciona con la manera en que uno maneja o afronta los eventos difíciles y cambios drásticos en la vida. Es un proceso continuo que requiere determinación, una actitud positiva, tiempo y esfuerzo. A veces la resiliencia se describe como la capacidad de sobreponerse a experiencias difíciles o traumáticas.

La resiliencia es lo que me permitió hacerle frente a todas esa rareza que experimenté durante y después de mi tratamiento contra el cáncer, del largo proceso de reconstrucción y en el transcurso de la terapia hormonal. Esta rareza que sentía no solo se era física, sino también emocional.

Me encontré con preguntas sin respuesta, arrastrando «las sobras» del tratamiento y enfrentando una menopausia temprana y todo lo que eso implicaba. Yo estaba tomando una medicación para ayudarme a manejar la neuropatía periférica que desarrollé con el tratamiento de quimioterapia. Aunque sabía que era temporal, mi cuerpo todavía no se había recuperado de esta aún después de varios de un año. Ocasionalmente era difícil para mí concentrarme en mi rutina diaria y a veces experimentaba mareos. Ese medicamento para la neuropatía, sin embargo, tenía otra ventaja en ayudar a controlar los inoportunos e incómodos «sofocos» y sudores nocturnos, aunque no los eliminaba. Muchas veces esto me robaba el sueño. En otras ocasiones los sofocos me ocurrían reuniones profesionales y el muy evidente enrojecimiento de mi cara y orejas llamaban la atención de los presentes. En esas ocasiones embarazosas a veces me preocupaba de que yo no estuviera enviando un mensaje equivocado con mi reacción a lo que se decía en un momento dado. Encima de eso, a veces sentía un cansancio inexplicable. También estaba experimentando un ligero aumento de peso por los medicamentos a pesar de todos los esfuerzos que estaba haciendo para recuperar el control de mi peso. Había demasiadas cosas, sentimientos incompletos y desafíos a seguir enfrentando.

Mi consejo ante la adversidad es que aceptes los cambios físicos y emocionales que puedan resultar de tu odisea. En mi caso, acepté mi «nuevo yo». Quiero compartir los factores y las cosas que me han ayudado y que todavía me están manteniendo a flote en este camino. El factor principal es que Dios no está simplemente «allá arriba». Él puede tomar una parte activa en tu vida y darte la revelación para encontrar propósito en la misma y la voluntad de seguir

> *Dios no está simplemente «allá arriba». Él puede tomar una parte activa en tu vida y darte la revelación para encontrar propósito en la misma.*

adelante cada nuevo día. Simplemente tienes que dejarle entrar. Dios quiere que seamos partícipes de su gracia un día a la vez.

Desde mi diario

Practica la resiliencia hoy. Recupera tu equilibrio y sigue adelante.

Acepta tu «nuevo yo»

Cuando mi pelo comenzó a crecer de nuevo, regresó de una manera graciosa. No podía determinar si iba a volver lacio o rizado. Iba cambiando de apariencia a medida que crecía cada par de milímetros. Un día tuve que admitir que a pesar de tener solamente un centímetro de largo de pelo, estaba teniendo uno de esos días de «pelo rebelde». Mi pelo quería hacer lo suyo sin prestar atención a cómo yo pensaba que debía lucir. Pero, para bien o para mal, yo estaba tomando la situación a con calma dado a que durante poco más de ocho meses no tuve que «luchar» con mi pelo.

La aceptación de tu «nuevo yo» es mucho más que tratar con sentido del humor tus propios infortunios. Tiene que ver con el cultivar una autoimagen positiva. Esta visión de uno mismo no se basa en cómo uno se vea, sino de cómo uno se quiere proyectar.

> No puedes cambiar lo que te pasó, pero sí puedes concentrarte en tus destrezas y habilidades... Mírate a ti mismo a través de los ojos de Dios.

No puedes cambiar lo que te pasó, pero sí puedes concentrarte en tus destrezas y habilidades. Enfócate en estas y recupera tu confianza. Mírate a ti mismo a través de los ojos de Dios.

Este entendimiento te dará confianza y te ayudará a superar las dificultades constantes en el camino hacia adelante. Como madre que trabajaba a tiempo completo, me resultó difícil imaginarme a mí misma tratando de hacerle frente a los efectos del tratamiento contra el cáncer y sus consecuencias, a mi vida familiar —tanto como madre y esposa— y a mi vida profesional. Era muy fácil imaginarme calva, débil, en problemas, en la desgracia... pero muy difícil de imaginarme a mí misma con todo ese bagaje y manejando los asuntos con determinación, esperanza y alegría. Tenía que tratarme con suavidad y dar un paso a la vez enfocándome en mis fortalezas, en mis capacidades y en lo que quería lograr.

No te olvides de tomar suficiente descanso si es necesario. Mi cuerpo había ido a través de un duro proceso y aún seguía enfrentando cambios constantes. Tenía que recordarme a mí misma descansar: «Toma tu tiempo y descansa». Sé amable contigo y toma tu tiempo para descansar y relajarte. Cuando enfrentes todos esos cambios, imagínate como si estuvieras caminando hacia la salud y la recuperación.

Nunca pienses que has terminado con la oración. Alimenta tu fe y sigue buscando a Aquel que está junto a ti. Sonríe para ti constantemente, incluso si estás cansado. Sé amable contigo, aliéntate y felicítate por luchar la buena batalla de la fe. No estás solo, hay un poderoso guerrero junto a ti.

Pero el Señor está conmigo como un guerrero poderoso;...
(Jeremías 20:11, NVI)

Valora las relaciones interpersonales positivas y alentadoras

Identifica aquellas personas que están dentro o fuera de tu familia que se preocupan por ti y te apoyan. Mantenlos cerca de tu corazón aunque no puedan estar cerca físicamente. Hoy en día es muy común conectar y relacionarse con otros más allá de la proximidad física. No puedo compartir lo suficiente la cantidad de apoyo que recibí a través de las redes sociales. Al principio, durante mi diagnóstico de cáncer de seno, se me cruzó por la mente «desaparecer» de las redes sociales y poner mi cuenta «en suspenso» por un tiempo. Me alegro de que Dios cambiara ese pensamiento. Tuve un gran grupo de apoyo de personas que querían orar por mí, animarme y que me enviaban pensamientos positivos y buena energía... La lista simplemente podría seguir. A veces, a pesar de que no tenía una relación directa con alguien, yo sabía a través de mis contactos que había gente en muchos lugares y en otros países orando por mí.

Cultiva y fomenta relaciones saludables con los que te rodean. Mi familia, especialmente mi esposo, fue y sigue siendo una gran influencia en mi proceso de resiliencia. Cuando no me sentía «yo misma», o me sentía incómoda sin saber por qué, aprendí a adiestrar a mi mente para hacerle saber a él que me diera distancia y así evitar herir a los que amo. Con unas cuantas respiraciones profundas, manejaba la situación y luego volvía a mi estado natural. Su paciencia, su tolerancia y su fuerte fe en Dios me daban fuerzas. Mis familiares en Puerto Rico y en otros estados me brindaban tanto apoyo como si estuvieran cerca de mí. Estaban allí apoyándome o animándome a través de llamadas telefónicas, mensajes, cartas y notas positivas.

Es muy fácil cuando se está pasando por un proceso como el cáncer y su tratamiento —o cualquiera que sea la situación difícil que puedes estar atravesando—, perder la compostura y herir a los que están cerca de uno, que a su vez están tratando de hacer lo mejor que saben para cuidar de uno. Recuerda que tampoco ellos tienen una receta para hacerle frente a la situación. Si esto sucediera, tómate tu tiempo para refrescarte, recuperar tu equilibrio y practica una disculpa si valoras esa relación. No dejes que la otra persona suponga que estás arrepentido de lo que hiciste o dijiste actuando arrepentido. De la misma manera que nuestras acciones pueden valer más que mil palabras, por alguna razón, la palabra «perdón» tienen un gran peso y valor, y hasta puede iniciar un proceso de auto-sanación o restauración en general en cualquier relación.

Si sientes la necesidad de disculparte por algo, sé específico. Si sientes que tu reacción se desencadenó por un algo que la otra persona dijo, no dijo, hizo o dejó de hacer... habla de ello. Identifiquen conjuntamente esas cosas que desencadenan una serie de suposiciones y como resultado una cadena de eventos no deseados. No te sorprenda de que puedas recibir una disculpa de vuelta ya sea que la necesites o no.

> *De la misma manera que nuestras acciones pueden valer más que mil palabras, por alguna razón, la palabra «perdón» tienen un gran peso y valor, y hasta puede iniciar un proceso de auto-sanación o restauración en general en cualquier relación.*

Hubo momentos en que vi a mi esposo tratando de hacerse cargo y de reparar tantas cosas, que hasta pensé que él estaba tratando de «repararme» —aunque suene raro— y yo no quería que me repararan. Yo simplemente quería ser escuchada y que él reconociera mis sentimientos sin tratar de «repararlos» o de sentirse con la responsabilidad de hacer que me sintiera mejor. Hemos aprendido a separar la situación de las personas envueltas. La situación es la situación, y las personas envueltas en ella no son la situación; ellas simplemente están allí con uno. Cultiva relaciones de apoyo con los que te rodean y que son importantes para ti. No te escondas en ti mismo, comunícate y extiende tu mano.

Las relaciones de apoyo se pueden extender hasta la forma de uno comunicarse con tu equipo de cuidado de la salud. Crea y mantén una relación sana con ellos a través de la comunicación. No esperes que tus médicos sepan por todo lo que atraviesas; habla, pregunta, comparte. Comunica lo que sientes y por lo que estás pasando. Me di cuenta de que los médicos hacen todo tipo de preguntas acerca de si hay algo nuevo, sobre la familia, o la típica: «¿Cómo has estado?». Ellos hacen eso no solo para ser amables o para charlar, sino también para saber si hay algo con lo que ellos podrían ayudarte.

Por ejemplo, cuando empecé a reducir la dosis de uno de mis medicamentos, tuve mucha dificultad para dormir. La situación se estaba volviendo molesta y frustrante, porque al día siguiente tenía que trabajar. Cuando esto sucedía, noche tras noche, me estaba poniendo inquieta y a veces molesta. Yo estaba de alguna manera renuente a hablar de esto con mi médico porque no quería más medicamentos, ni siquiera para dormir. Eso era una suposición que yo estaba haciendo que en ninguna manera resolvía la situación. Durante una de mis citas regulares de seguimiento, finalmente me decidí a compartir esto con mi doctora y ella me recomendó alternar el momento que estaba tomando la medicación. Me sugirió que en vez de tomarlo por la mañana que lo tomara justo antes de irme a dormir. Eso funcionó. Comparte tus preocupaciones y haz preguntas. Libérate de las suposiciones.

Siempre he dicho que los amigos vienen a ser la familia extendida que elegimos. Muchos viejos amigos estuvieron tan cerca de mí durante mi camino y su aliento y apoyo significaron mucho para mí. Incluso me conecté con gente nueva y también hice nuevos amigos de una manera que nunca pensé posible. El buscar o aceptar ayuda y el apoyo de aquellos que se preocupan por ti minimizará el estrés, no solo durante la tormenta, sino incluso durante las consecuencias.

Encuentra algo que puedas compartir con los demás. Podría ser un talento que tengas, una bendición, un regalo, tu experiencia o tu conocimiento. Encuentra una manera de compartirlo. Hay por ahí muchos grupos cívicos y organizaciones que podrían beneficiarse de lo que puedas ofrecer. Al servir a los demás no solamente alguien se beneficiará de tu ofrenda, sino que también encontrarás gozo y sentido en lo que haces.

Todos cometemos errores, pero trata de no cometer el error de pensar que estás solo(a). Primero, entiende que hay un Dios amoroso que quiere tomar parte activa en tu vida y cuya presencia quiere rodearte. Como ya he mencionado a lo largo de este libro, es posible tener una relación íntima con tu Creador. Segundo, identifica y cultiva relaciones interpersonales reconfortantes y saludables. Por último, busca grupos de apoyo y oportunidades para servir a otros en tu comunidad. No te escondas en ti mismo(a). Comunícate, toma el control de tus emociones y no dejes que estas te controlen, y extiende tu mano.

Reconsidera tus metas y expectativas

Una vez que el tratamiento contra el cáncer o el camino escabroso «ya pasó», otros podrían tener expectativas sobre uno. Uno no puede controlar eso, pero uno sí puede controlar las expectativas que uno tenga de sí mismo. Asegúrate de distinguir una cosa de la otra. Me encontré otra vez con mi nuevo yo y la necesidad de hacer planes realistas y nuevas determinaciones.

Antes del diagnóstico de cáncer, yo practicaba fútbol regularmente. También estaba tomando artes marciales con mis hijos. Yo estaba en mejor estado físico del que estaba cuando yo iba a la universidad, al menos eso creía. Me sentía fuerte. De repente, me encontré con un diagnóstico de cáncer y luego con cirugías, quimioterapia y radiación, y todo eso me azotó bien duro. Recuerdo que entre la quimioterapia y la radiación traté de volver a mi rutina de ejercicios. Empecé a caminar con regularidad en el agradable clima de otoño. Poco después le pregunté a mi cirujano si podía volver a empezar mi rutina previa de practicar flexiones («push-ups»). Recuerdo que fue enfático en su respuesta: «Comienza lentamente y sé amable contigo misma. Molestamos mucho tus músculos de allí —señaló mi pecho—. Tomará tiempo sanar. No te desanimes o te frustres si no puedes completar una. Tómalo con calma».

Puedo decir que me asusté increíblemente cuando traté de hacer una sola flexión de brazos. El dolor era insoportable. Era como si estuviera levantando todo el mundo en mis brazos. Ni siquiera pude completar una. Fue doloroso. Empecé a repetirme a mí misma: «¡Ni siquiera una! ¡Ni siquiera una!». La frustración de lo que yo podía hacer antes y ya no podía hacer ahora, amenazó con desanimarme. Entonces recordé las palabras de mi doctor: «Comienza lentamente y sé amable contigo misma. Tomará tiempo sanar. No te frustres».

El sanar es un proceso y no se trata únicamente acerca de la curación física, sino que también implica un estado mental. Tuve que reajustar mis expectativas y establecer nuevas metas. Estaba determinada a empezar poco a poco y a descubrir el «qué puedo hacer ahora», y al hacerlo y lograrlo, yo estaba lista para más. Si no podía hacer un ejercicio, entonces practicaba estiramiento y se sentía fabuloso. Si yo no podía correr, caminaba y disfrutaba de la brisa en mi cara. Poco a poco irás haciendo más e irás logrando más. No te rindas.

Había escuchado que uno puede experimentar fatiga, problemas para conciliar el sueño o falta de motivación por más de un año después del tratamiento del cáncer. Definitivamente, así fue. Tomé un folleto que me dieron cuando yo estaba recibiendo la quimioterapia sobre una organización sin fines de lucro llamada «ThriveWell Cancer Foundation» y el programa DIVA (derivando inspiración y vitalidad a través de la

La frustración de lo que yo podía hacer antes y ya no podía hacer ahora, amenazó con desanimarme... Tuve que reajustar mis expectativas y establecer nuevas metas. Estaba determinada a empezar poco a poco y a descubrir el «qué puedo hacer ahora», y al hacerlo y lograrlo, yo estaba lista para más.

actividad), que esta fundación ofrecía. La misión principal de la fundación «ThriveWell» es el desarrollo de programas para la comunidad que mejoran directamente la calidad de vida de los pacientes y sobrevivientes de cáncer. DIVA, en particular, proporciona programas de ejercicios, nutrición entro otros, para pacientes y sobrevivientes de cáncer de seno. Estos programas fueron creados para ofrecer oportunidades para salvar vidas al aumentar la razón de prevención del cáncer y la supervivencia de los pacientes. Vi a DIVA como una oportunidad para recuperar mi equilibrio y fuerza. Decidí por fin hacer la llamada y llenar la solicitud para inscribirme en el programa y comenzar con pequeños pasos. Con el tiempo, me di cuenta de que me estaba volviendo más fuerte. Al hacer ejercicios con un balón, solía recordar mis viejos tiempos de jugar al fútbol y continuaba con el ejercicio con una sonrisa en mi cara. Al mismo tiempo, encontré motivación y conocí a otras mujeres que persiguen el bienestar después del cáncer.

Toma tu tiempo para ajustar tus planes para hacer determinaciones más realistas y tomar las medidas necesarias para llevarlas a cabo. Sé amable contigo. Evita pensar en lo que podías hacer antes y mejor enfócate en lo que puedes hacer <u>ahora</u>. Busca nuevos retos para descubrir aquellas cosas que puedes hacer y disfrutar.

Reconsidera tus prioridades

Durante la transición de estar en una fuerte tormenta a estar viviendo las consecuencias de la tormenta, me enfrenté a la necesidad de establecer prioridades y actuar conforme a estas. Me enfoqué en ser más intencionada en mi comportamiento diario y evitar ser arrastrada por la corriente. Estaba más decidida a buscar cada día la perspectiva eterna en cada movida, la perspectiva eterna que solo puedo alcanzar cuando miro hacia Dios.

Mis hijos fueron otro incentivo que me ayudó a determinar que era importante y lo que no era. Cuando miraba a mis hijos veía significado; veía una misión. Mi nueva actitud era estar más centrada en mi propósito que en asuntos triviales. Ahora me corresponde a mí determinar lo que es trivial y lo que no lo es. Y al entender esto, me siento poderosa.

Dale prioridad a respirar aire fresco y a la diversión. Cultiva el gozo en tu vida y compártelo con las personas cercanas a ti. Nota que no estoy diciendo simplemente que disfrutes la vida. El disfrutar está más relacionado a las circunstancias que te rodean. Lo que estoy diciendo es cultivar el gozo en tu vida, el gozo que no está basado en las circunstancias, sino que es un estado del corazón que reconoce la mano de Dios. Busca actividades que te den satisfacción y el pensamiento de que estás haciendo algo significativo. Evita quedar atrapado en el ajetreo cotidiano o en la carrera desenfrenada de la vida, y toma el control de lo que realmente importa.

Valora aquellas cosas pequeñas y simples que te hacen sonreír. Cuando el clima era agradable y yo estaba en el auto, ya fuera conduciendo o de pasajera, abría la ventana para sentir el placer de la sensación de mi pelo que crecía poco a poco, volviéndose loco con el viento. Mis hijos y mi esposo se reían del baile loco de mi pelo con el viento. En otras ocasiones, podía estar hablando con mi esposo por teléfono y de repente le comentaba: «¿Has visto el cielo? ¡Mira al cielo! ¡Qué nítido!», y comenzaba a describírselo.

Haz de la buena alimentación una de tus prioridades y evita negociar con ella. Invierte tiempo leyendo y aprendiendo sobre nutrición y alimentación. Existen muchos recursos gratuitos y boletines informativos que puedes utilizar para guiarte en el proceso de toma de decisiones sabias. Si vas a comer fuera no permitas que la oferta disponible determine lo que ingieres. Valórate y respétate. Aunque suene loco, hasta comencé a sonreírle a las frutas antes de comerlas.

Mantén las cosas en perspectiva. Tus objetivos a largo plazo pueden determinar tus pasos. De la misma manera tus pasos, tus pensamientos y acciones pueden influenciar o afectar tus objetivos. Valora tu tiempo y cómo lo utilizas.

*Confía en el Señor de todo corazón, y no te apoyes en tu
propia prudencia. Reconócelo en todos tus caminos, y él
enderezará tus sendas. No seas sabio en tu propia opinión;
teme al Señor y apártate del mal.*
(Proverbios 3:5-7, RVC)

*Más bien, busquen primeramente el reino de Dios y su
justicia, y todas estas cosas les serán añadidas.*
(Mateo 6:33, NVI)

*Mirad, pues, con diligencia cómo andéis, no como necios
sino como sabios, aprovechando bien el tiempo, porque los
días son malos. Por tanto, no seáis insensatos, sino
entendidos de cuál sea la voluntad del Señor.*
(Efesios 5:15-17, RVR1960)

Cultiva la fe

Hay emociones mezcladas en la transición de ser un paciente de cáncer a un sobreviviente de cáncer. Me di cuenta de que al principio, pensamientos y temores de recurrencia de la enfermedad invadían mi mente. Tenía que estar siempre lista para la batalla, para la batalla de la fe. Cuando estos sentimientos trataban de irrumpir, sujetaba firme mi espada y mi escudo.

*tomen el escudo de la fe, con el cual pueden apagar todas las
flechas encendidas del maligno. Tomen (...) la espada del
Espíritu, que es la palabra de Dios.*
(Efesios 6:16-17, NVI)

Tenía que fijar mis ojos en el autor de mi fe. Mantén tus ojos en Dios. Tan pronto como empezamos a prestar atención en las muchas cosas que están sucediendo «allá afuera», empezamos a perder la perspectiva de dónde estamos, en dónde estamos parados, de qué es lo que queremos para nuestras vidas y cuál es la voluntad de Dios para nuestras vidas. Búscalo con todo tu corazón, tu mente y tu alma.

*Y amarás al Señor tu Dios con todo tu corazón, y con toda tu
alma, y con toda tu mente y con todas tus fuerzas...*
(Marcos 12:30, RVR1960)

La fe va de la mano con la oración. Con la oración me refiero a pedir, comunicarse y escuchar. No solamente buscar al Señor en las dificultades, sino desarrollar el hábito de comunicarse con Él... de escucharle.

> *Habla, Jehová, porque tu siervo oye. ...*
> *(1 Samuel 3:9, RVR1960)*

Muchos ven las palabras «fe» y «oración», y las asocian con religión o espiritualidad. Esto no es acerca de religión o de espiritualidad... Estoy hablando de crecer en una relación personal con Dios. Esta relación personal con el Señor Jesús, ha transformado mi relación con mi familia, con mi esposo, con mis hijos, con mis amigos y hasta con otros. Puedo decir que su obra en mí no termina aquí, sino que se mantiene renovándose y creciendo cada día.

> *Por tanto, no nos desanimamos. Al contrario, aunque por*
> *fuera nos vamos desgastando, por dentro nos vamos*
> *renovando día tras día.*
> *(2 Corintios 4:16, NVI)*

> *Porque yo soy el Señor, tu Dios, que sostiene tu mano*
> *derecho; yo soy quien te dice: «No temas, yo te ayudaré».*
> *(Isaías 41:13, NVI)*

Depende de ti. Cuán lejos quieras ir y cuánto quieras crecer. No dejes que tus preocupaciones, las preguntas sin respuesta o la oferta abundante y gratuita de distracciones te alejen de Aquel que quiere iluminar tu camino y llenar tu todo.

> *Es, pues, la fe la certeza de lo que se espera, la convicción*
> *de lo que no se ve.*
> *(Hebreos 11:1, RVR1960)*

Recuerda que la palabra «imposible» no es solamente una palabra. Puede ser una excusa para alguien no tratar de creer. Bien puede ser una barrera autoimpuesta para evitar el crecimiento más allá de lo que los ojos pueden ver, o más allá de la culpa que le puedas imponer a otros por tu falta de fe.

No se trata simplemente de «atreverse a creer», o de «creer en uno mismo» o de otros clichés comunes que pueden sonar inspiradores y tener algo de verdad. Esos solo te pueden llevar a una cierta distancia. Yo te diré esto: Acepta el reto de conocer a Dios más. Considera a Jesús, cada una de sus palabras, sus acciones y sus reacciones. Lo que dijo y por qué lo dijo. Lo que hizo y por qué lo hizo. Si hay algo que no entiendes, no te quites… sigue buscando. Pide, busca y llama a la puerta. Si haces esto de corazón, hallarás.

Depende de ti. Cuán lejos quieras ir y cuánto quieras crecer. No dejes que tus preocupaciones, las preguntas sin respuesta o la oferta abundante y gratuita de distracciones te alejen de Aquel que quiere iluminar tu camino…

> *⁹ Así que yo les digo: Pidan, y se les dará; busquen, y encontrarán; llamen, y se les abrirá la puerta. ¹⁰ Porque todo el que pide, recibe; el que busca, encuentra; y al que llama, se le abre. ¹¹ ¿Quién de ustedes que sea padre, si su hijo le pide un pescado, le dará en cambio una serpiente? ¹² ¿O si le pide un huevo, le dará un escorpión? ¹³ Pues si ustedes, aun siendo malos, saben dar cosas buenas a sus hijos, ¡cuánto más el Padre celestial dará el Espíritu Santo a quienes se lo pidan!*
> *(Lucas 11:9-13, NVI)*

> *¿No te dije que si crees verás la gloria de Dios?*
> *(Juan 11:40, RVR1960)*

Podemos fácilmente estar de acuerdo de que la vida es corta y de que no estamos aquí para siempre. En Cristo se nos ha dado una perspectiva eterna y una relación íntima con nuestro Dios desde el momento en que nacemos de nuevo. En Él tenemos un nuevo significado, un nuevo propósito en los ojos de nuestro Señor. Amados, consideren todo el panorama… Dios en ti y tú en Él. ¡Vamos a hacer que cada paso que tomemos cuente!

Una nueva canción

Comencé esta travesía con los salmos 121 y 42 en mi corazón y en mi mente. En el camino la presencia del Señor estaba reconfortando mi alma. Ahora miro el salmo 40[1] y al igual que el salmista, puedo decir que tengo una nueva canción que ofrecer.

El salmo 40 provee un testimonio de la presencia de Dios y las bendiciones recibidas a través de situaciones difíciles, y cómo estas generan alegría y una canción de alabanza. En medio de nuestras luchas podemos confiar en la misericordia y el amor de Dios para traer restauración y esperanza a nuestra vida.

En el salmo, las palabras «pacientemente esperé» no se refieren a una espera estática o pasiva. No se trata de sentarse en una mecedora para esperar que algo suceda. La espera paciente que el salmista evoca es una espera activa. Esto significa poner primero nuestra esperanza y voluntad en buscar el rostro del Señor y seguir caminando. Significa poner nuestra confianza en el Señor y seguir haciendo. ¡Esto significa oración activa y confianza activa! ¡Se trata de llevar la fe a la acción! Es buscar la presencia del Señor y caminar con la certeza de la misma.

El autor del salmo 40 está comparando su situación difícil como estar en un «pozo de la desesperación» y estar atrapado en un «lodo cenagoso». La Nueva Versión Internacional usa las palabras «fosa de la muerte». La situación que él estaba experimentando lo hizo sentir que estaba atrapado, atascado o enterrado vivo; pero él decidió poner su esperanza en el Señor y clamar a Él. Entonces, algo maravilloso sucede. Me encanta lo que sigue: «se inclinó a mí y oyó mi clamor». Dios se inclina hacia él, lo escucha, lo rescata y una nueva canción nace en el corazón del salmista como un testimonio viviente que todavía permanece.

Nuestro Dios es capaz de convertir nuestro lamento en baile mientras nos rodea con su abrazo. Cuando experimentamos su amor, su fidelidad y su misericordia, una nueva canción nace en nuestro corazón. No convertimos en testigos de la gracia de Dios. Los siguientes versos en el salmo 30 no pueden ilustrar mejor lo que trato de decir:

Tú cambias mis lágrimas en danza; me quitas la tristeza y me rodeas de alegría, para que cante salmos a tu gloria. Señor, mi Dios:

161

¡no puedo quedarme callado! ¡siempre te daré gracias!
(Salmos 30:11-12, RVC)

Acerca de estos versos, me gusta especialmente la frase «*para que cante salmos a tu Gloria. Señor, mi Dios: ¡no puedo quedarme callado!*». Eso es una cosa en particular que se produce cuando el Señor camina con nosotros y obra su gracia sobre nosotros; no podemos permanecer en silencio. Somos transformados.

En cada situación tenemos que aprender a ser agradecidos. Podemos aprender a sazonar con música las lágrimas y vivir en la esperanza de Dios en nosotros en medio del conflicto. La nueva canción no tiene que esperar hasta que todo esté en calma y la tormenta haya pasado. No hay que esperar para estar agradecidos.

¡Hay un nuevo comienzo! ¡Un nuevo camino por delante! ¡Aférrate a Dios y canta una nueva canción!

EL TESTIMONIO

Esperanza y alegría en la oscuridad

Cuando medito sobre cómo es el ir a través del cáncer, pienso en la esperanza y el gozo que las promesas y las bendiciones de Dios traen a mi vida. También pienso en el hecho de que después del tratamiento del cáncer ningún médico te va a decir: «estás curado», sino que escucharás sobre las tasas de supervivencia y un plan de acción para minimizar la recurrencia. No te desampares; mantén las promesas de Dios y sus bendiciones en tu mente y aférrate a su esperanza.

La esperanza a la que me refiero no es una esperanza basada en buenos deseos; sino a la esperanza alimentada por la Palabra de Dios, en la certeza de Dios, de Jesús, su presencia y toda la realidad detrás de esto. Mi esperanza se basa en una relación con Jesús a lo largo de los años y los días por venir. Cada día trae una experiencia propia. Esta esperanza trae consigo alegría. Los momentos oscuros son opacados por la presencia y la gloria de Dios. No importa si yo lo entiendo o no. No es cuestión de opinión sino del corazón. No es cuestión de entender o no, sino de poner la confianza en Dios.

Cada día trae una experiencia propia. Esta esperanza trae consigo alegría. Los momentos oscuros son opacados por la presencia y la gloria de Dios. No importa si yo lo entiendo o no.

Mi experiencia con el cáncer de seno ha sido para mí un caminar para aprender más acerca de Aquel a quien amo, quien elegí seguir y quien me dirige. Cada día es un compromiso para alabarlo y para buscarlo, para valorar y apreciar cada minuto que paso con mis seres queridos, y para meditar en las bendiciones del Señor. Mi actitud hacia la forma de reaccionar ante los conflictos, las situaciones difíciles y el estrés, tanto en el trabajo y en asuntos personales, ha cambiado.

Durante mi viaje a través del cáncer mi oración principal era:

Mi Señor, dame el entendimiento para comprender tu Palabra y saber cuándo hables a mi alma. Al recibirte, recibo tu vida. Enséñame a entender el propósito de cualquier tormenta en mi vida para que en medio de esta, pueda sentir la certeza de que junto con tu vida, voy a experimentar en crecimiento tu poder renovador. Señor, te doy gracias por la oportunidad de afirmar tu majestad en mi vida. Te pido la valentía de afirmar tu presencia en medio de mis circunstancias, de modo que pueda ver tu gloria en mi vida, de la manera en que quieres que la vea.

Meditaba mucho en los siguientes versos de La Biblia:

Por nada estéis angustiados, sino sean conocidas vuestras peticiones delante de Dios en toda oración y ruego, con acción de gracias. Y la paz de Dios, que sobrepasa todo entendimiento, guardará vuestros corazones y vuestros pensamientos en Cristo Jesús.
(Filipenses 4:6-7, RVR1995)

Me llevó a la sala de banquetes y tendió sobre mí la bandera de su amor (...) Su izquierda esté debajo de mi cabeza; con su derecha me abrace.
(Cantares 2:4,6, RVR1995)

Cuando pases por las aguas, yo estaré contigo; y si por los ríos, no te anegarán. Cuando pases por el fuego, no te quemarás ni la llama arderá en ti.
(Isaías 43:2, RVR1995)

Y me ha dicho: «Bástate mi gracia, porque mi poder se perfecciona en la debilidad.» Por tanto, de buena gana me gloriaré más bien en mis debilidades, para que repose sobre mí el poder de Cristo.
(2 Corintios 12:9, RVR1995)

[7] Pero tenemos este tesoro en vasos de barro, para que la excelencia del poder sea de Dios y no de nosotros, [8] que estamos atribulados en todo, pero no angustiados; en apuros, pero no desesperados; [9] perseguidos, pero no desamparados; derribados, pero no destruidos. [10] Dondequiera que vamos, llevamos siempre en el cuerpo la muerte de Jesús, para que también la vida de Jesús se manifieste en nuestros cuerpos, (...) [16] Por tanto, no desmayamos; antes, aunque este nuestro hombre exterior se va desgastando, el interior no obstante se renueva de día en día, [17] pues esta leve tribulación momentánea produce en nosotros un cada vez más excelente y eterno peso de gloria;

VALENTÍA EN LA BATALLA

(2 Corintios 4:7-17, RVR1995)

Cuando medito en estos versículos me siento agradecida por la oportunidad de afirmar la majestad del Señor en mi vida. No es que yo sea fuerte por mi propia cuenta, sino que es el Todopoderoso que me llena de fortaleza. Y me siento honrada de saber que soy suya y que Él me lleva de la mano.

Una nueva postura

Cuando empecé a compartir mi experiencia de mi lucha contra el cáncer, inmediatamente comencé a recibir respuestas de otras personas acerca de cómo mi experiencia les tocaba y que de algún modo les inspiraba. Comencé a ver que mi lucha con el cáncer no era un hecho aislado de mi familia y de mí, sino una forma para Dios traer gloria a su nombre en mi vida, en mi familia y a otras personas. Tenía que compartir cómo Dios estaba obrando en mi vida. Dios estuvo conmigo todo el camino. Él era y todavía es mi sustento.

¡Dios me ha dado este momento y no voy a quedarme sin hacer nada!

Este es mi testimonio. No puedo quedarme en silencio. ¡Dios me ha dado este momento y no voy a quedarme sin hacer nada! Entender que Dios puede usarme es una cosa increíble, algo que yo no puedo tomar a la ligera. Yo no soy un accidente del universo. Estoy aquí por un propósito.

Estableciendo una misión

La tragedia y la enfermedad, le dan a uno una nueva actitud ante la vida. Puedo distinguir con más claridad lo que importa de lo que es superfluo.

Como madre, tengo una misión para con mis hijos y tengo que hacerles saber que son importantes y que me preocupo por ellos, no solamente con palabras sino también con la acción. Siempre trato de ser intencionada sobre el tiempo que paso con ellos. Si se sienten molestos y quieren llorar por algo, yo les digo que entonces vamos a llorar juntos. Ellos me miran sorprendidos y luego nos reímos y así comenzamos a mirar a la situación en otra perspectiva. Quiero mostrarles que si la vida no nos sonríe, tenemos que perseverar y buscar el gozo en la provisión de Dios. Quiero que entiendan que aunque la vida no sea fácil y resplandeciente, tenemos que permanecer firmes y enfrentar nuestros obstáculos con confianza, con fe, con la certeza de que no estamos solos. Tenemos la mano de Dios para nuestra ayuda y su luz para brillar sobre nosotros.

Varias veces, después de mi tratamiento de cáncer, me encontraba a veces luchando porque no podía establecer metas específicas sobre mi carrera y o a nivel personal, aparte de vivir intensamente, de ver a mis hijos y de ser una influencia positiva en la vida de otra persona. Un día a mi hijo menor llegó de la escuela con una tarea de reunirnos en familia y establecer una declaración de nuestra misión como familia. Le dieron una semana para completar esa asignación.

Tomé esa tarea muy en serio porque precisamente, yo estaba teniendo dificultades para encontrar un nuevo objetivo y una nueva inspiración. En el proceso de construir nuestra misión, hablamos de lo que era importante para nosotros en la vida y que podíamos hacer para mostrar eso como una misión familiar. Hablamos sobre «¿Qué es importante para nosotros» y «¿qué vamos a hacer al respecto». Después de un par de intentos, ajustes y una votación, esta es la versión final a la que llegamos:

MISIÓN DE NUESTRA FAMILIA
Hacer una diferencia en el mundo sembrando amor;
fijar nuestra mirada en Jesús,
escuchándole y creciendo en Su conocimiento,
y compartir nuestro gozo.
Así poder decir al final del día,
que tocamos a otros y que llevamos buen fruto.

Esa declaración de nuestra misión como familia está pegada en la puerta del refrigerador para verlo todos los días. Sí, también quiero la paz y la armonía en el mundo; así que mi resolución es sembrar paz y armonía en mi familia inmediata y en los que están a mi alcance. Siembra paz y armonía con amor y ora para que esa semilla crezca. No se trata de las luchas y dificultades que uno puede encontrar, sino de lo que uno puede hacer para sobrepasarlos.

Usa tu energía sabiamente

El chisme, la ira y el odio son cosas en las que no vale la pena usar tu energía. Un día una persona en mi trabajo estaba tratando de ponerme enojada y molesta diciendo estupideces, solo para buscar mi atención. Yo simplemente le saludaba cuando me lo encontraba y comencé a orar por esa persona regularmente. Un día, me preguntó si alguna vez yo me enojaba y me desafió con sarcasmo a que le mostrara mi enojo. Yo le dije que no iba a desperdiciar mi tan preciada energía estando enojada; no valía la pena. Añadí que yo acababa de tener una segunda oportunidad para vivir, y que yo tomaba eso muy en serio. Yo simplemente no podía desperdiciar mi valiosa energía viviendo con ira o cultivando sentimientos de amargura y rencor. No hubo nada que él pudiera responderme. Únicamente se quedó mirándome. Luego de eso, creo que ahora me ve como un extraterrestre de otro planeta, pero me gané su respeto. No desperdicies tu preciosa energía cultivando ira, amarguras o enojos que no son productivos. Trata en vez, de enfocarte en actuar y no simplemente en reaccionar.

Por supuesto que puedo enojarme de vez en cuando, pero tengo mucho cuidado de no desperdiciar esa energía en algo que en realidad no tiene importancia. Incluso para eso, soy muy selectiva.

Por supuesto que puedo enojarme de vez en cuando, pero tengo mucho cuidado de no desperdiciar esa energía en algo que en realidad no tiene importancia. Incluso para eso, soy muy selectiva.

He aprendido a escuchar y a elegir mis palabras con cuidado. Un día en la iglesia, el Pastor Sean Azzaro dijo: «Las palabras son muy fáciles de lanzar por todas partes, pero imposibles de recoger». Así mismo es.

> *tengan presente esto: Todos deben estar listos para escuchar, y ser lentos para hablar y para enojarse; (Santiago 1:19-20, NVI)*

Quiero que mis hijos entiendan que ellos no tienen que demostrarle nada a nadie. Quiero que sepan que Dios conoce su corazón y que tienen que permanecer fieles a su misión. Quiero que todos entiendan que Dios no es solo alguien a quien recurrir cuando se pasa por momentos difíciles. Él siempre está ahí, en cada momento. Yo solía pensar que era muy importante para mí ser independiente, pero eso cambió. Es grandioso darme cuenta de que estoy dependiendo de Dios. No puedo hablar de mí misma y dejar a Dios a un lado.

Marcada de por vida

Yo no puedo seguir por esta vida pretendiendo que el cáncer es algo en el pasado, que no ha pasado nada y volver a mi vieja rutina. No solo estoy marcada físicamente, sino que también estoy marcada emocional y espiritualmente. Ahora tengo un «nuevo yo». Cada fibra dentro de mí ha cambiado. Después del cáncer, ahora veo la vida con otros ojos. Las grandes metas parecen triviales y aquellas cosas cotidianas y triviales son mágicas. Algo que nunca hacía antes como despertarme más temprano para tomar el desayuno en la cama con Ángel y pasar un rato juntos hablando de todo un poco antes de despertar a los niños e ir a trabajar, es algo que ahora disfruto.

También me encuentro a mí misma muchas veces mirando fijamente a mis hijos sin motivo. Si ellos están haciendo alguna tarea de la escuela me siento allí en la mesa con ellos, esperando a que me hagan preguntas. El simplemente observarlos haciendo sus cosas y prestarles atención es una gran bendición, una bendición que no puede ser subestimada. Estoy siendo testigo de sus vidas y por eso, estoy agradecida.

Cuando miro a mis hijos, veo lo que son y cómo se están transformando ante mis ojos. Soy testigo de dos vidas maravillosas siendo moldeadas y creciendo... y siento un profundo respeto hacia la misión que Dios me dio para ellos. No puedo dar por sentado que son míos. Ellos no son mi posesión, sino una bendición. Mi misión es amarlos, educarlos, estar ahí para ellos, inspirarles, enseñarles, guiarles y sobre todo, compartir con ellos el mejor regalo de todos: la gloriosa presencia del Señor en sus vidas, Su amor y Su Palabra. Cuando veo a mis chicos, percibo el plan que Dios tiene para ellos. Veo un propósito en cada uno de ellos. Y es mi deber guiarles y orar cada día por dirección para poder pastorearles, para que sigan buscando al Señor y forjando una relación con Él para que la verdad de Su Palabra les sea revelada.

¿Sin manual de instrucciones?

Cuando mis hijos me dicen «mamá, te amo», yo no sé si ellos tienen una idea de lo mucho que eso significa para mí. Me encanta ver lo mucho que se aman y cómo se expresan entre ellos el amor. Tenemos la práctica en casa de que si alguien está molesto con alguien, establecemos con claridad que nos amamos incluso si estamos disgustados. Si estoy molesta por algo que hicieron, les comunico la razón y les hago entender que si me molesto es porque me preocupo por ellos y los amo.

Trato de hacerles entender que voy a estar ahí para ellos siempre hasta que Dios me lo permita. Quiero que entiendan que aunque cometan un error que mi amor hacia ellos es más grande. Por supuesto espero que Dios me conceda la sabiduría para ayudarles a entender que a veces los errores pueden tener consecuencias. Yo les digo que buscaré el amor de Dios para actuar con sabiduría y no simplemente reprenderlos en ira. Siempre les hago saber que los errores son grandes oportunidades de aprendizaje.

Lo mismo puede aplicar a cuando uno se enfrenta a cambios. Nadie puede vivir lo suficiente con el temor paralizante de cometer errores, de tropezar o el miedo al cambio, poniendo en riesgo la capacidad de enfrentar nuevas oportunidades y aprendizaje. La fe no es simplemente algo que se practica en la iglesia, sino que es parte de nuestras vidas día tras día. Si yo quiero que mis hijos aprendan esto, tengo que darles el ejemplo.

Es bien sabido que los hijos vienen a este mundo sin un manual de instrucciones. De igual manera entramos en alguna relación íntima con muchas suposiciones y sin manual de instrucciones. Por otro lado, también sé que cuando el rey Salomón asumió su reinado Dios le dio a escoger cualquier cosa que él quisiera para dársela y Salomón escogió sabiduría para poder guiar a su pueblo. Así que no puedo hacer menos que eso. Le pido a constantemente a Dios sabiduría y dirección para guiar a mis hijos y para atender los asuntos de mi familia. Otra vez, no puedo hablar de mí y de mi familia y dejar a Dios fuera del panorama. No puedo separar mi esencia de lo que soy.

> *7 Y aquella noche apareció Dios a Salomón y le dijo: Pídeme lo que quieras que yo te dé. (...) 10 Dame ahora sabiduría y ciencia, para presentarme delante de este pueblo; porque ¿quién podrá gobernar a este tu pueblo tan grande?*
> *(2 Crónicas 1:7-10, RVR1960)*

> *5 Y si alguno de vosotros tiene falta de sabiduría, pídala a Dios, el cual da a todos abundantemente y sin reproche, y le será dada. 6 Pero pida con fe, no dudando nada; porque el que duda es semejante a la onda del mar, que es arrastrada por el viento y echada de una parte a otra. 7 No piense, pues, quien tal haga, que recibirá cosa alguna del Señor. 8 El hombre de doble ánimo es inconstante en todos sus caminos.*
> *(Santiago 1:5-8, RVR1960)*

> *El principio de la sabiduría es el temor del SEÑOR;...*
> *(Salmos 111:10, NVI)*

Yo tampoco tengo un manual de instrucciones, pero sí tengo la Palabra de Dios. Como una cuestión de vida o muerte, no puedo permanecer en silencio acerca de ver y experimentar el poder y la intervención de Dios en mi vida. Este es mi testimonio. El tiempo que tengo es <u>ahora</u> y no voy a estar pasiva en cuanto a eso. Todo comienza con un solo paso. ¡Ven y ve!

Las tres «Q»

¿Cuántas veces nos hemos acercado a Dios en oración con este comportamiento?: «¡Yo quiero lo que quiero cuando lo quiero!». ¿Cuántas veces este comportamiento ha afectado nuestra relación con Dios? Estamos tan enfocados en qué es lo que queremos y cuándo lo queremos. Le pedimos o le decimos a Dios lo que pensamos que necesitamos y conforme pasa el tiempo y no vemos ningún indicio o respuesta, nos decepcionamos o enojamos. Podríamos pensar: «Dios no me escucha» o «Dios no me dio lo que necesitaba». Como resultado, nos distanciamos de Aquel que nos ama y nos puede redimir.

Cuando me enfrenté a la realidad de que tenía cáncer de seno, estuve tentada muchas veces a orar de esa manera. Yo sabía que Dios me amaba y que él conocía mi corazón y que él es misericordioso. Estuve muy tentada a pedirle a Dios que sacara ese cáncer fuera de mi cuerpo «ahora mismo» —o «pronto», para tratar de ser humilde— para poder dar testimonio de que Él me sanó. Note que digo que me vi tentada, pero me abstuve de orar de esa manera. Podía sentir que Dios tenía algo más grande en lo que Él quería que me enfocara. Quería que me enfocara en el camino y no en la salida. Quería que me enfocara en su gloria y no en lo que yo pensaba que necesitaba o lo que yo pensaba que era conveniente. Mi oración fue más bien: «muéstrame», «déjame sentir tu presencia», «guíame a través de esto», «prepárame para sentir tu gloria», «sostén mi mano», «resplandece», «¡esto es para tu gloria!». Me di cuenta de que no tenía que conseguir lo que yo creía necesitar para poder testificar, sino que

> *Podía sentir que Dios tenía algo más grande en lo que Él quería que me enfocara. Quería que me enfocara en el camino y no en la salida. Quería que me enfocara en su gloria y no en lo que yo pensaba que necesitaba o lo que yo pensaba que era conveniente.*

podía testificar incluso en medio de la tormenta al ser testigo de su presencia, amor y esperanza en medio de la incertidumbre. No se trataba de mí, sino de lo que Él quería hacer en mí. Se trataba de su gloria.

«Porque mis pensamientos no son los de ustedes,
ni sus caminos son los míos —afirma el Señor—.

Las tres «Q»

*Mis caminos y mis pensamientos son más altos que los de
ustedes; ¡más altos que los cielos sobre la tierra!
(Isaías 55:8-9, NVI)*

Tuve que mantener en alto mi fe, a pesar de algunas personas que me miraban como si yo hubiera hecho algo malo en mi vida espiritual y que estaba pagando por eso, o haciéndome sentir que no estaba lo suficientemente llena del Espíritu Santo. También sabía que había mucha gente orando e intercediendo por mí. Experimenté alegría porque sabía que Dios estaba escuchando estas oraciones. La vida es tan preciosa que no podemos malgastarla viviendo con miedo o cultivando sentimientos de amargura. Estaba experimentando tantas bendiciones que tenía que compartirlas.

No se trataba de esperar a entender todo lo que estaba pasando para poder compartir mis bendiciones, sino más bien de compartir mis bendiciones sin importar las circunstancias. Tenía que ir a través del camino confiándole al Señor mi debilidad, creciendo en su conocimiento, sirviendo a los demás, tomando acción, viviendo para mostrarles a mis hijos a no vivir con miedo o en desesperación, sino con confianza y con fe sin importar las circunstancias a nuestro alrededor. Tenía la urgencia de mostrarles a mis hijos, a su corta edad, que nuestras circunstancias no nos definen, sino la manera en cómo enfrentamos y sobrellevamos nuestras circunstancias. El amor de Dios y la verdadera vida en Jesús es mi precioso regalo. Tengo que ofrecerle este regalo a mis hijos —y a cualquiera— con el tiempo que tengo.

Sí, estuve muy tentada a orar «¡Yo quiero lo que quiero cuando lo quiero!». Me siento muy feliz de no haberlo hecho. Aunque sé que Dios se encargó del cáncer, Él también me enseñó algo mucho más grande: Él me dio su mano y me mostró su inmenso amor, me llevó en sus brazos, me dejó experimentar su Palabra, Él me hizo sentir como Él luchaba mis batallas conmigo, Él me dirigió con su luz resplandeciente, me inundó con su presencia, me dejó experimentar una relación más estrecha con Él, me guió a una unión preciosa con mi marido

Ahora veo la vida con otros ojos. La vida es corta y hay tanto por hacer.

y los niños. Esa experiencia me ayudó a sentir su gloria en mí y a mi alrededor. Ahora veo la vida con otros ojos. La vida es corta y hay tanto por hacer.

VALENTÍA EN LA BATALLA

Guiaré a los ciegos por un camino que no conocían;
los haré andar por sendas que no habían conocido.
Delante de ellos cambiaré las tinieblas en luz
y lo escabroso en llanura. Estas cosas les haré y no los
desampararé.
(Isaías 42:16, RVR1995)

Si has estado en las tres «Q» o atascado en estas... está bien, no es el fin. Simplemente es cuestión de elegir seguir adelante y modificar el comportamiento. Dios ha prometido guiarnos... incluso en la oración; así que déjale hacerlo.

Las oraciones

Comencé a escribir este libro basado en mi travesía a través del cáncer. Luego me di cuenta de que mi historia va más allá de mi batalla contra el cáncer. Tengo la esperanza de que alguien que pudiera estar enfrentando cualquier lucha o ciertas preguntas acerca de la vida pueda encontrar valor e inspiración en este libro, a través de mis propias oraciones.

Aquí están algunas oraciones que derramé desde mi corazón durante mi camino:

Desde mi diario

Hoy oré con Alejandro: «Amado Señor, estamos en tus manos. Sabemos que si le dices a este cáncer que se vaya y desaparezca, el cáncer se irá. Mientras tanto, que tu nombre sea glorificado en esta situación, en nuestras vidas. Ayuda al que no cree, que crea que tú eres el Dios todopoderoso. Estamos en sus manos. Guíanos en nuestra fe. En el nombre de Jesús, amén.»

Desde mi diario

«Ésta es la confianza que tenemos en él, que si pedimos alguna cosa conforme a su voluntad, él nos oye. Y si sabemos que él nos oye en cualquiera cosa que pidamos, sabemos que tenemos las peticiones que le hayamos hecho». (1 Juan 5:14-15, RVR1995)

Oh Señor, ayúdame a orar en tu voluntad…

Desde mi diario

He aprendido mucho este año acerca de la oración. No sé por dónde empezar a describir lo maravilloso que Dios ha sido conmigo. Cómo me ha guiado y las cosas que me ha revelado. Cómo me ha amado y abrazado. Su mano ha trascendido aún más allá de lo que hubiera imaginado.

—Mi Dios, tú lo sabes todo. Señor, te doy este corazón sabiendo con toda certeza que tú sabes lo que es mejor para mí. Reconozco que la clave para tu gran bendición es tener un corazón dispuesto. Señor, aquí estoy.

Desde mi diario

«Llamarás, y el Señor responderá; pedirás ayuda, y él dirá: "¡Aquí estoy!"…» (Isaías 58:9, NVI)

Gracias Señor por la certeza de tu presencia. Guarda mi corazón y mi mente de la ansiedad... guía mis pasos.

Desde mi diario

«4 Me llevó a la casa del banquete, Y su bandera sobre mí fue amor. 6Su izquierda esté debajo de mi cabeza, Y su derecha me abrace».
(Cantares 2:4, 6, RVR1960)

Gracias Señor porque aunque me sienta insuficiente, frustrada o agobiada por mis circunstancias, tu amor me acurruca, me alimenta y me sostiene.

Desde mi diario

«⁷ Pero tenemos este tesoro en vasos de barro, para que la excelencia del poder sea de Dios y no de nosotros, ⁸ que estamos atribulados en todo, pero no angustiados; en apuros, pero no desesperados; ⁹ perseguidos, pero no desamparados; derribados, pero no destruidos. ¹⁰ Dondequiera que vamos, llevamos siempre en el cuerpo la muerte de Jesús, para que también la vida de Jesús se manifieste en nuestros cuerpos, (...) ¹⁶ Por tanto, no desmayamos; antes, aunque este nuestro hombre exterior se va desgastando, el interior no obstante se renueva de día en día, ¹⁷ pues esta leve tribulación momentánea produce en nosotros un cada vez más excelente y eterno peso de gloria;»
(2 Corintios 4:7-17, RVR1995)

Mi Señor dame entendimiento para comprender tu Palabra y reconocer cuando hables a mi alma. Al recibirte a ti, recibo tu vida. Enséñame a entender el propósito de cualquier tormenta o viento recio en mi vida, de modo que en vez de buscar la salida, pueda decidir llevar con alegría la certeza de que, junto con tu vida, voy a experimentar en crecimiento tu poder renovador a través de esta situación.

Desde mi diario

No hay un momento en mi vida, Oh Dios, que no pueda encontrarte… ya sea en mi tristeza o en mi alegría. No hay distancia que nos una o que nos pueda separar. Oh Dios, verdaderamente tú ERES. Tu presencia sobrepasa mi entendimiento. Tu amor es eterno.

Desde mi diario

«Cuando pases por las aguas, yo estaré contigo; y si por los ríos, no te anegarán. Cuando pases por el fuego, no te quemarás, ni la llama arderá en ti». (Isaías 43:2, RVR1960)

Si hay tormenta alrededor de mí, Señor, muéstrame tu paz y sostenme en ella.

Desde mi diario

Mi cansancio y alabanza son tuyos… No tengo nada que ofrecerte, solo un corazón marcado por tu amor y la felicidad de las bendiciones que tú mismo me has concedido. Todo lo que soy, es en efecto, tuyo.

Desde mi diario

Amado Señor, que todos lo que no te conocen, entiendan que tú no eres una religión, ni una imagen, ni un retrato de nuestra mente. Que ellos puedan ser abrazados por tu Espíritu de amor, por la realidad de tu presencia. Que ellos puedan ver y experimentar tu realidad. Que ellos puedan entender tu voz.

«(...) ¡Jehová, aviva tu obra en medio de los tiempos,
en medio de los tiempos hazla conocer;...»
(Habacuc 3:2, RVR1995)

La espada

La espada, la Palabra de Dios, es una herramienta útil para inspirarse; pero no solo es cuestión de inspiración. La Palabra de Dios es para combatir tus «gigantes», es alimento y es vida. Un guerrero también necesita el escudo o de lo contrario la armadura estaría incompleta. El escudo es la fe. La fe depende de ti. Yo no estoy hablando de una fe religiosa o un positivismo. Es la fe como se describe en el libro de Hebreos:

Es, pues, la fe la certeza de lo que se espera,
la convicción de lo que no se ve.
(Hebreos 11:1, RVR1995)

Pero sin fe es imposible agradar a Dios, porque es necesario que el que se acerca a Dios crea que él existe y que recompensa a los que lo buscan.
(Hebreos 11:6, RVR1995)

Jesús le dijo: ¿No te he dicho que si crees, verás la gloria de Dios?
(Juan 11:40, RVR1960)

En mi batalla contra el cáncer, la fe fue mi escudo, la Palabra de Dios fue mi espada y la oración fue mi alimento. La palabra de Dios habla…

Porque la palabra de Dios es viva y eficaz,...
(Hebreos 4:12, RVR1960)

He agrupado algunos de los muchos versículos de la Biblia que renovaron mi esperanza y mis fuerzas dependiendo de la situación que enfrentaba. Espero que la Palabra de Dios te hable de una manera especial así como lo hace para mí.

¿Necesitas fuerzas?

Josué 1:9 (NVI): ¡Sé fuerte y valiente! ¡No tengas miedo ni te desanimes! Porque el Señor tu Dios te acompañará dondequiera que vayas.»

2 Corintios 12:9 (RVR1995): Y me ha dicho: «Bástate mi gracia, porque mi poder se perfecciona en la debilidad.» Por tanto, de buena gana me gloriaré más bien en mis debilidades, para que repose sobre mí el poder de Cristo.

Salmos 63:7-8 (NVI): [7] A la sombra de tus alas cantaré, porque tú eres mi ayuda. [8] Mi alma se aferra a ti; tu mano derecha me sostiene.

Salmos 27:3 (RVR1995): Aunque un ejército acampe contra mí, no temerá mi corazón; aunque contra mí se levante guerra, yo estaré confiado.

Salmos 23:2-3 (RVR1995): [2] En lugares de delicados pastos me hará descansar; junto a aguas de reposo me pastoreará. [3] Confortará mi alma. Me guiará por sendas de justicia por amor de su nombre.

Isaías 41:10 (RVR1995): No temas, porque yo estoy contigo; no desmayes, porque yo soy tu Dios que te esfuerzo; siempre te ayudaré, siempre te sustentaré con la diestra de mi justicia.

2 Corintios 4:7-17 (RVR1995): [7] Pero tenemos este tesoro en vasos de barro, para que la excelencia del poder sea de Dios y no de nosotros, [8] que estamos atribulados en todo, pero no angustiados; en apuros, pero no desesperados; [9] perseguidos, pero no desamparados; derribados, pero no destruidos. [10] Dondequiera que vamos, llevamos siempre en el cuerpo la muerte de Jesús, para que también la vida de Jesús se manifieste en nuestros cuerpos, (…) [16] Por tanto, no desmayamos; antes, aunque este nuestro hombre exterior se va desgastando, el interior no obstante se renueva de día en día, [17] pues esta leve tribulación momentánea produce en nosotros un cada vez más excelente y eterno peso de gloria;

Cantares 2:4-6 (RVR1960): [4] Me llevó a la casa del banquete, Y su bandera sobre mí fue amor. (…) [6] Su izquierda esté debajo de mi cabeza, Y su derecha me abrace.

Isaías 43:2 (RVR1995): Cuando pases por las aguas, yo estaré contigo; y si por los ríos, no te anegarán. Cuando pases por el fuego, no te quemarás ni la llama arderá en ti.

¿Necesitas dirección?

Lucas 8:50 (RVR1960): Oyéndolo Jesús, le respondió: No temas; cree solamente,…

Salmos 5:3 (RVR1995): Jehová, de mañana oirás mi voz; de mañana me presentaré delante de ti y esperaré.

Jeremías 33:3 (RVR1995): Clama a mí y yo te responderé, y te enseñaré cosas grandes y ocultas que tú no conoces.

Isaías 58:10-11 (RVR1960): [10] y si dieres tu pan al hambriento, y saciares al alma afligida, en las tinieblas nacerá tu luz, y tu oscuridad será como el mediodía. [11] Jehová te pastoreará siempre, y en las sequías saciará tu alma, y dará vigor a tus huesos; y serás como huerto de riego, y como manantial de aguas, cuyas aguas nunca faltan.

Salmos 119:105 (NVI): Tu palabra es una lámpara a mis pies; es una luz en mi sendero.

Proverbios 1:23 (RVR1995): pues ciertamente yo derramaré mi espíritu sobre vosotros y os haré saber mis palabras.

¿Batallando contra la ansiedad o la incertidumbre?

1 Pedro 5:7 (NVI): Depositen en él toda ansiedad, porque él cuida de ustedes.

Salmos 42:5 (RVR1995): ¿Por qué te abates, alma mía, y te turbas dentro de mí? Espera en Dios, porque aún he de alabarlo, ¡salvación mía y Dios mío!

Salmos 27:3 (RVR1995): Aunque un ejército acampe contra mí, no temerá mi corazón; aunque contra mí se levante guerra, yo estaré confiado.

Salmos 42:8 (RVR1995): Pero de día mandará Jehová su misericordia y de noche su cántico estará conmigo, y mi oración al Dios de mi vida.

Mateo 6:31-34 (NVI): [31] Así que no se preocupen diciendo: "¿Qué comeremos?" o "¿Qué beberemos?" o "¿Con qué nos vestiremos?" [32] (…) el Padre celestial sabe que ustedes las necesitan. [33] Más bien, busquen primeramente el reino de Dios y su justicia, y todas estas cosas les serán añadidas. [34] Por lo tanto, no se angustien por el mañana, (…).

Filipenses 4:6-7 (RVR1995): [6] Por nada estéis angustiados, sino sean conocidas vuestras peticiones delante de Dios en toda oración y ruego, con acción de gracias. [7] Y la paz de Dios, que sobrepasa todo entendimiento, guardará vuestros corazones y vuestros pensamientos en Cristo Jesús.

Isaías 41:13 (RVC): Yo soy el Señor, tu Dios, que te sostiene por la mano derecha y te dice: «No tengas miedo, que yo te ayudo.

Lucas 8:50 (RVR1960): Oyéndolo Jesús, le respondió: No temas; cree solamente…

Salmos 121 (NVI): [1] A las montañas levanto mis ojos; ¿de dónde ha de venir mi ayuda? [2] Mi ayuda proviene del Señor, creador del cielo y de la tierra... (Continuar leyendo el resto del salmo)

Mateo 6:26 (NVI): Fíjense en las aves del cielo: no siembran ni cosechan ni almacenan en graneros; sin embargo, el Padre celestial las alimenta. ¿No valen ustedes mucho más que ellas?

2 Corintios 4:7-17 (RVR1995): [7] Pero tenemos este tesoro en vasos de barro, para que la excelencia del poder sea de Dios y no de nosotros, [8] que estamos atribulados en todo, pero no angustiados; en apuros, pero no desesperados; [9] perseguidos, pero no desamparados; derribados, pero no destruidos. [10] Dondequiera que vamos, llevamos siempre en el cuerpo la muerte de Jesús, para que también la vida de Jesús se manifieste en nuestros cuerpos, (...) [16] Por tanto, no desmayamos; antes, aunque este nuestro hombre exterior se va desgastando, el interior no obstante se renueva de día en día, [17] pues esta leve tribulación momentánea produce en nosotros un cada vez más excelente y eterno peso de gloria;

Isaías 26:3-4 (RVR1960): [3] Tú guardarás en completa paz a aquel cuyo pensamiento en ti persevera; porque en ti ha confiado. [4] Confiad en Jehová perpetuamente, porque en Jehová el Señor está la fortaleza de los siglos.

¿Batallando contra el miedo?

Josué 1:9 (RVR1960): Mira que te mando que te esfuerces y seas valiente; no temas ni desmayes, porque Jehová tu Dios estará contigo en dondequiera que vayas.

Salmos 56:3 (NVI): Cuando siento miedo, pongo en ti mi confianza.

Lucas 8:50 (RVC): Cuando Jesús oyó ésto, le dijo: «No temas. Sólo debes creer...

Salmos 91:4 (RVR1995): Con sus plumas te cubrirá y debajo de sus alas estarás seguro; escudo y protección es su verdad.

Salmos 27:3 (RVR1995): Aunque un ejército acampe contra mí, no temerá mi corazón; aunque contra mí se levante guerra, yo estaré confiado.

Jeremías 20:11 (NVI): Pero el Señor está conmigo como un guerrero poderoso...

Isaías 41:13 (RVR1995): Porque yo Jehová soy tu Dios, quien te sostiene de tu mano derecha y te dice: "No temas, yo te ayudo."

Isaías 41:10 (NVI): Así que no temas, porque yo estoy contigo; no te angusties, porque yo soy tu Dios. Te fortaleceré y te ayudaré; te sostendré con mi diestra victoriosa.

Salmos 23 (RVR1995): ¹Jehová es mi pastor, nada me faltará. ² En lugares de delicados pastos me hará descansar; junto a aguas de reposo me pastoreará... (Continuar leyendo el resto del salmo)

Isaías 58:9 (RVR1995): Entonces invocarás, y te oirá Jehová; clamarás, y dirá él: Heme aquí...

Isaías 43:2 (RVR1995): Cuando pases por las aguas, yo estaré contigo; y si por los ríos, no te anegarán. Cuando pases por el fuego, no te quemarás ni la llama arderá en ti.

¿Necesitas confirmación de las promesas de Dios?

2 Corintios 1:20-22 (RVR1995): ²⁰ porque todas las promesas de Dios son en él «sí», y en él «Amén», por medio de nosotros, para la gloria de Dios. ²¹ Y el que nos confirma con vosotros en Cristo, y el que nos ungió, es Dios, ²² el cual también nos ha sellado y nos ha dado, como garantía, el Espíritu en nuestros corazones.

Salmos 42:8 (RVR1995): Pero de día mandará Jehová su misericordia y de noche su cántico estará conmigo, y mi oración al Dios de mi vida.

2 Pedro 1:3-4 (NVI): ³ Su divino poder, al darnos el conocimiento de aquel que nos llamó por su propia gloria y potencia, nos ha concedido todas las cosas que necesitamos para vivir como Dios manda. ⁴ Así Dios nos ha entregado sus preciosas y magníficas promesas para que ustedes, luego de escapar de la corrupción que hay en el mundo debido a los malos deseos, lleguen a tener parte en la naturaleza divina.

Isaías 55:8-11 (NVI): ⁸ «Porque mis pensamientos no son los de ustedes, ni sus caminos son los míos —afirma el Señor—. ⁹ Mis caminos y mis pensamientos son más altos que los de ustedes; ¡más altos que los cielos sobre la tierra! ¹⁰ Así como la lluvia y la nieve descienden del cielo, y no vuelven allá sin regar antes la tierra y hacerla fecundar y germinar para que dé semilla al que siembra y pan al que come, ¹¹ así es también la palabra que sale de mi boca: No volverá a mí vacía, sino que hará lo que yo deseo y cumplirá con mis propósitos.

¿Necesitas esperanza?

Jeremías 29:11-12 (NVI): ¹¹ Porque yo sé muy bien los planes que tengo para ustedes —afirma el Señor—, planes de bienestar y no de calamidad, a fin de darles un futuro y una esperanza. ¹² Entonces ustedes me invocarán, y vendrán a suplicarme, y yo los escucharé.

2 Corintios 4:17 (RVR1995): pues esta leve tribulación momentánea produce en nosotros un cada vez más excelente y eterno peso de gloria;

2 Corintios 12:9 (RVR1995): Y me ha dicho: «Bástate mi gracia, porque mi poder se perfecciona en la debilidad.» Por tanto, de buena gana me gloriaré más bien en mis debilidades, para que repose sobre mí el poder de Cristo.

Isaías 58:10-11 (RVR1960): [10] y si dieres tu pan al hambriento, y saciares al alma afligida, en las tinieblas nacerá tu luz, y tu oscuridad será como el mediodía. [11] Jehová te pastoreará siempre, y en las sequías saciará tu alma, y dará vigor a tus huesos; y serás como huerto de riego, y como manantial de aguas, cuyas aguas nunca faltan.

Jeremías 33:3 (RVR1960): Clama a mí, y yo te responderé, y te enseñaré cosas grandes y ocultas que tú no conoces.

2 Corintios 4:7-17 (RVR1995): [7] Pero tenemos este tesoro en vasos de barro, para que la excelencia del poder sea de Dios y no de nosotros, [8] que estamos atribulados en todo, pero no angustiados; en apuros, pero no desesperados; [9] perseguidos, pero no desamparados; derribados, pero no destruidos. [10] Dondequiera que vamos, llevamos siempre en el cuerpo la muerte de Jesús, para que también la vida de Jesús se manifieste en nuestros cuerpos, (…) [16] Por tanto, no desmayamos; antes, aunque este nuestro hombre exterior se va desgastando, el interior no obstante se renueva de día en día, [17] pues esta leve tribulación momentánea produce en nosotros un cada vez más excelente y eterno peso de gloria;

Isaías 42:16 (RVR1960): Y guiaré a los ciegos por camino que no sabían, les haré andar por sendas que no habían conocido; delante de ellos cambiaré las tinieblas en luz, y lo escabroso en llanura. Estas cosas les haré, y no los desampararé.

2 Corintios 4:16-18 (RVR1960): [16] Por tanto, no desmayamos; antes aunque este nuestro hombre exterior se va desgastando, el interior no obstante se renueva de día en día. [17] Porque esta leve tribulación momentánea produce en nosotros un cada vez más excelente y eterno peso de gloria; [18] no mirando nosotros las cosas que se ven, sino las que no se ven; pues las cosas que se ven son temporales, pero las que no se ven son eternas.

1 Pedro 1:3-9 (RVR1960): [3] Bendito el Dios y Padre de nuestro Señor Jesucristo, que según su grande misericordia nos hizo renacer para una esperanza viva, por la resurrección de Jesucristo de los muertos, [4] para una herencia incorruptible, incontaminada e inmarcesible, reservada en los cielos para vosotros, [5] que sois guardados por el poder de Dios mediante la fe, para alcanzar la salvación que está preparada para ser manifestada en el tiempo postrero. [6] En lo cual vosotros os alegráis, aunque ahora por un poco de tiempo, si es necesario, tengáis que ser afligidos en diversas pruebas, [7] para que sometida a prueba vuestra fe, mucho más preciosa que el oro, el cual aunque perecedero se prueba con fuego, sea hallada en alabanza, gloria y honra cuando sea manifestado Jesucristo, [8] a quien amáis sin haberle visto, en quien

creyendo, aunque ahora no lo veáis, os alegráis con gozo inefable y glorioso; [9]obteniendo el fin de vuestra fe, que es la salvación de vuestras almas.

¿Necesitas fe?

Hebreos 11:1 (RVR1960): Es, pues, la fe la certeza de lo que se espera, la convicción de lo que no se ve.

2 Corintios 4:7-17 (RVR1995): [7] Pero tenemos este tesoro en vasos de barro, para que la excelencia del poder sea de Dios y no de nosotros, [8] que estamos atribulados en todo, pero no angustiados; en apuros, pero no desesperados; [9] perseguidos, pero no desamparados; derribados, pero no destruidos. [10] Dondequiera que vamos, llevamos siempre en el cuerpo la muerte de Jesús, para que también la vida de Jesús se manifieste en nuestros cuerpos, (…) [16] Por tanto, no desmayamos; antes, aunque este nuestro hombre exterior se va desgastando, el interior no obstante se renueva de día en día, [17] pues esta leve tribulación momentánea produce en nosotros un cada vez más excelente y eterno peso de gloria;

Mateo 14:22-33 (RVR1995): [22] En seguida Jesús hizo a sus discípulos entrar en la barca e ir delante de él a la otra ribera, entre tanto que él despedía a la multitud. [23]Después de despedir a la multitud, subió al monte a orar aparte; y cuando llegó la noche, estaba allí solo. [24] Ya la barca estaba en medio del mar, azotada por las olas, porque el viento era contrario. [25] Pero a la cuarta vigilia de la noche, Jesús fue a ellos andando sobre el mar. [26] Los discípulos, viéndolo andar sobre el mar, se turbaron, diciendo: —¡Un fantasma! Y gritaron de miedo. [27] Pero en seguida Jesús les habló, diciendo: —¡Tened ánimo! Soy yo, no temáis. [28] Entonces le respondió Pedro, y dijo: —Señor, si eres tú, manda que yo vaya a ti sobre las aguas. [29] Y él dijo: —Ven. Y descendiendo Pedro de la barca, andaba sobre las aguas para ir a Jesús. [30] Pero al ver el fuerte viento, tuvo miedo y comenzó a hundirse. Entonces gritó: —¡Señor, sálvame! [31] Al momento Jesús, extendiendo la mano, lo sostuvo y le dijo: —¡Hombre de poca fe! ¿Por qué dudaste? [32] En cuanto ellos subieron a la barca, se calmó el viento. [33] Entonces los que estaban en la barca se acercaron y lo adoraron, diciendo: —Verdaderamente eres Hijo de Dios.

Marcos 9:23-24 (RVR1995): Jesús le dijo: —Si puedes creer, al que cree todo le es posible. [24] Inmediatamente el padre del muchacho clamó y dijo: —Creo; ayuda mi incredulidad.

Mateo 9:22 (NVI): Jesús se dio vuelta, la vio y le dijo: —¡Ánimo, hija! Tu fe te ha sanado. Y la mujer quedó sana en aquel momento.

Marcos 10:52 (RVR1960): Y Jesús le dijo: Vete, tu fe te ha salvado. Y en seguida recobró la vista, y seguía a Jesús en el camino.

Juan 11:40 (RVR1960): Jesús le dijo: ¿No te he dicho que si crees, verás la gloria de Dios?

Isaías 26:3-4 (RVR1960): [3] Tú guardarás en completa paz a aquel cuyo pensamiento en ti persevera; porque en ti ha confiado. [4] Confiad en Jehová perpetuamente, porque en Jehová el Señor está la fortaleza de los siglos.

2 Corintios 1:20-22 (RVR1995): [20] porque todas las promesas de Dios son en él «sí», y en él «Amén», por medio de nosotros, para la gloria de Dios. [21] Y el que nos confirma con vosotros en Cristo, y el que nos ungió, es Dios, [22] el cual también nos ha sellado y nos ha dado, como garantía, el Espíritu en nuestros corazones.

2 Pedro 1:3-4 (NVI): [3] Su divino poder, al darnos el conocimiento de aquel que nos llamó por su propia gloria y potencia, nos ha concedido todas las cosas que necesitamos para vivir como Dios manda. [4] Así Dios nos ha entregado sus preciosas y magníficas promesas para que ustedes, luego de escapar de la corrupción que hay en el mundo debido a los malos deseos, lleguen a tener parte en la naturaleza divina.

Santiago 1:2-7 (RVR1995): [2] Hermanos míos, gozaos profundamente cuando os halléis en diversas pruebas, [3] sabiendo que la prueba de vuestra fe produce paciencia. [4] Pero tenga la paciencia su obra completa, para que seáis perfectos y cabales, sin que os falte cosa alguna. [5] Si alguno de vosotros tiene falta de sabiduría, pídala a Dios, el cual da a todos abundantemente y sin reproche, y le será dada. [6] Pero pida con fe, no dudando nada, porque el que duda es semejante a la onda del mar, que es arrastrada por el viento y echada de una parte a otra. [7] No piense, pues, quien tal haga, que recibirá cosa alguna del Señor,

¿Necesitas alegría?

Salmos 37:4 (RVR1995): Deléitate asimismo en Jehová y él te concederá las peticiones de tu corazón.

Zacarías 9:9 (RVR1995): ¡Alégrate mucho, hija de Sión! ¡Da voces de júbilo, hija de Jerusalén! Mira que tu rey vendrá a ti, justo y salvador, pero humilde, cabalgando sobre un asno, sobre un pollino hijo de asna.

Salmos 16:11 (RVR1995): Me mostrarás la senda de la vida; en tu presencia hay plenitud de gozo, delicias a tu diestra para siempre.

Salmos 51:12 (NVI): Devuélveme la alegría de tu salvación; que un espíritu obediente me sostenga.

Salmos 51:8 (RVR1995): Hazme oír gozo y alegría, y se recrearán los huesos que has abatido.

Salmos 119:111 (RVR1995): Por heredad he tomado tus testimonios para siempre, porque son el gozo de mi corazón.

Romanos 12:12 (NVI): Alégrense en la esperanza, muestren paciencia en el sufrimiento, perseveren en la oración.

Romanos 15:13 (RVR1995): Y el Dios de la esperanza os llene de todo gozo y paz en la fe, para que abundéis en esperanza por el poder del Espíritu Santo.

2 Corintios 12:10 (RVR1995): Por lo cual, por amor a Cristo me gozo en las debilidades, en insultos, en necesidades, en persecuciones, en angustias; porque cuando soy débil, entonces soy fuerte.

Santiago 1:2-7 (RVR1995): [2] Hermanos míos, gozaos profundamente cuando os halléis en diversas pruebas, [3] sabiendo que la prueba de vuestra fe produce paciencia. [4] Pero tenga la paciencia su obra completa, para que seáis perfectos y cabales, sin que os falte cosa alguna. [5] Si alguno de vosotros tiene falta de sabiduría, pídala a Dios, el cual da a todos abundantemente y sin reproche, y le será dada. [6] Pero pida con fe, no dudando nada, porque el que duda es semejante a la onda del mar, que es arrastrada por el viento y echada de una parte a otra. [7] No piense, pues, quien tal haga, que recibirá cosa alguna del Señor,

Juan 16:21-22 (NVI): La mujer que está por dar a luz siente dolores porque ha llegado su momento, pero en cuanto nace la criatura se olvida de su angustia por la alegría de haber traído al mundo un nuevo ser. [22] Lo mismo les pasa a ustedes: Ahora están tristes, pero cuando vuelva a verlos se alegrarán, y nadie les va a quitar esa alegría.

1 Pedro 1:3-9 (RVR1960): [3] Bendito el Dios y Padre de nuestro Señor Jesucristo, que según su grande misericordia nos hizo renacer para una esperanza viva, por la resurrección de Jesucristo de los muertos, [4] para una herencia incorruptible, incontaminada e inmarcesible, reservada en los cielos para vosotros, [5] que sois guardados por el poder de Dios mediante la fe, para alcanzar la salvación que está preparada para ser manifestada en el tiempo postrero. [6] En lo cual vosotros os alegráis, aunque ahora por un poco de tiempo, si es necesario, tengáis que ser afligidos en diversas pruebas, [7] para que sometida a prueba vuestra fe, mucho más preciosa que el oro, el cual aunque perecedero se prueba con fuego, sea hallada en alabanza, gloria y honra cuando sea manifestado Jesucristo, [8] a quien amáis sin haberle visto, en quien creyendo, aunque ahora no lo veáis, os alegráis con gozo inefable y glorioso; [9] obteniendo el fin de vuestra fe, que es la salvación de vuestras almas.

VALENTÍA EN LA BATALLA

¿Estás en oración?

Efesios 3:20 (RVR1995): Y a Aquel que es poderoso para hacer todas las cosas mucho más abundantemente de lo que pedimos o entendemos, según el poder que actúa en nosotros,

Salmos 42:8 (RVR1995): Pero de día mandará Jehová su misericordia y de noche su cántico estará conmigo, y mi oración al Dios de mi vida.

Isaías 58:9 (NVI): Llamarás, y el Señor responderá; pedirás ayuda, y él dirá: "¡Aquí estoy!"»Si desechas el yugo de opresión, el dedo acusador y la lengua maliciosa,

Filipenses 4:6-7 (RVR1995): [6] Por nada estéis angustiados, sino sean conocidas vuestras peticiones delante de Dios en toda oración y ruego, con acción de gracias. [7]la paz de Dios, que sobrepasa todo entendimiento, guardará vuestros corazones y vuestros pensamientos en Cristo Jesús.

Marcos 12:30 (RVR1995): Y amarás al Señor tu Dios con todo tu corazón, con toda tu alma, con toda tu mente y con todas tus fuerzas." Éste es el principal mandamiento.

Apocalipsis 3:20 (RVR1995): Yo estoy a la puerta y llamo; si alguno oye mi voz y abre la puerta, entraré a él y cenaré con él y él conmigo.

1 Juan 5:14-15 (RVR1995): Ésta es la confianza que tenemos en él, que si pedimos alguna cosa conforme a su voluntad, él nos oye. [15] Y si sabemos que él nos oye en cualquiera cosa que pidamos, sabemos que tenemos las peticiones que le hayamos hecho.

Salmos 145:18 (NVI): El Señor está cerca de quienes lo invocan, de quienes lo invocan en verdad.

Romanos 8:26 (NVI): Así mismo, en nuestra debilidad el Espíritu acude a ayudarnos. No sabemos qué pedir, pero el Espíritu mismo intercede por nosotros con gemidos que no pueden expresarse con palabras.

Santiago 1:5-7 (RVR1995): [5] Si alguno de vosotros tiene falta de sabiduría, pídala a Dios, el cual da a todos abundantemente y sin reproche, y le será dada. [6] Pero pida con fe, no dudando nada, porque el que duda es semejante a la onda del mar, que es arrastrada por el viento y echada de una parte a otra. [7] No piense, pues, quien tal haga, que recibirá cosa alguna del Señor,

Salmos 30:11-12 (NVI): [11] Convertiste mi lamento en danza; me quitaste la ropa de luto y me vestiste de fiesta, [12] para que te cante y te glorifique, y no me quede callado. ¡Señor mi Dios, siempre te daré gracias!

Efesios 6:18 (RVR1995): Orad en todo tiempo con toda oración y súplica en el Espíritu, y velad en ello con toda perseverancia y súplica por todos los santos

Marcos 9:24 (NVI): —¡Sí creo! —exclamó de inmediato el padre del muchacho—. ¡Ayúdame en mi poca fe!

Salmos 145:18 (RVR1995): Cercano está Jehová a todos los que lo invocan, a todos los que lo invocan de veras.

1 Samuel 3:9 (RVR1960): Habla, Jehová, porque tu siervo oye…

Oh, Señor, por la mañana escucharás mi voz;
por la mañana me presentaré ante ti, y esperaré. (Salmos 5:3, RVC)

«Ya que toco el violín, me veía a mí misma como el violín y al Señor como el maestro violinista que estaba restaurando y afinando el instrumento con tanto amor y ternura, para que ese violín pudiera hacer un sonido hermoso, una melodía maravillosa en sus manos. ¡No podría estar más honrada!»—Yilda

NOTAS

Una mamografía rutinaria

1. Calcificaciones: Depósitos del calcio en los tejidos. La calcificación en la mama se puede ver en una mamografía, pero no puede ser palpada. Hay dos tipos de calcificación de la mama: macrocalcificación y microcalcificación. Las macrocalcificaciones son depósitos grandes y generalmente no se relacionan con el cáncer. Las microcalcificaciones son las partículas de calcio que puede encontrarse en un área de células que se multiplican rápidamente. Muchas microcalcificaciones agrupadas, juntas, pueden ser un signo de cáncer. (Referencia: Instituto Nacional del Cáncer; http://www.cancer.gov/diccionario?CdrID=44317)

2. Senos fibroquísticos: Muchas de las masas (nódulos, protuberancias) de seno pueden ser causadas por fibrosis y/o quistes, en decir, cambios benignos en el tejido del seno. La fibrosis se refiere a la formación de tejido parecido a una cicatriz (fibroso), y los quistes son sacos llenos de líquido. Estos cambios en ocasiones son referidos como cambios fibroquísticos. Con mayor frecuencia son diagnosticados por un médico en función de los síntomas, tales como nódulos, inflamación e hipersensibilidad o dolor en los senos. Estos síntomas tienden a empeorar justo antes de comenzar el periodo menstrual de una mujer. (Referencia: Sociedad Americana del Cáncer; http://www.cancer.org/espanol/cancer/cancerdeseno/recursosadicionales/fragmen tado/condiciones-no-cancerosas-del-seno-fibrocystic-changes)

Compartiendo las noticias con amigos y familiares

1. Estadificación del cáncer: Según presenta el Instituto Nacional del Cáncer en la página web «http://www.cancer.gov/espanol/recursos/hojas-informativas/deteccion-diagnostico/estadificacion» los puntos clave de la estadificación del cáncer son:

   a. La etapa o estadio describe la extensión o gravedad del cáncer que aqueja a una persona. El conocer la etapa de la enfermedad ayuda al médico a planear el tratamiento y a calcular el pronóstico de la persona.

   b. Los sistemas de estadificación han evolucionado con el tiempo y siguen cambiando conforme los científicos aprenden más sobre el cáncer.

   c. Exámenes físicos, estudios de imágenes, pruebas de laboratorio, informes de patología e informes de cirugía proporcionan información para determinar la etapa del cáncer.

2. «K-LOVE»: «K-LOVE» es una emisora de radio con el ministerio y la visión de comunicar el Evangelio a través de los medios de comunicación. «K-LOVE» es una cadena radio emisoras cristianas que usan la misma identificación. La «K» en

el nombre indica que es una cadena de radio originada al oeste del Río «Mississippi». La parte que denota «LOVE» es para indicar el mensaje del amor de Dios y el perdón disponible para todos. La oficina central está en Rocklin, CA. Su página web es: «http://www.klove.com»

La encrucijada

1. Lumpectomía: La lumpectomía es una cirugía para extirpar un tumor (o masa) en el seno y una pequeña cantidad del tejido sano que rodea el tumor. Es un tipo de cirugía para preservar el seno, también conocida como cirugía de conservación del seno. La mayoría de los médicos extirpan también algunos de los ganglios linfáticos ubicados bajo el brazo.
   (Referencia: Instituto Nacional del Cáncer; http://www.cancer.gov/espanol/pdq/tratamiento/cancer-de-seno-y-embarazo/Patient/page5#Keypoint23)

2. Patología: Los resultados de la patología o el informe patológico son una serie de pruebas especiales que el doctor puede ordenar para el tejido de seno que se extrajo. Es posible que la obtención de los resultados de estas pruebas se lleve varias semanas. Las pruebas arrojan información de la forma en que el cáncer se ve y se comporta. Los resultados ayudan al médico para que pueda decidir cuáles tratamientos de cáncer pueden ser una opción. Los informes de patología pueden incluir información sobre el tamaño del tumor, el crecimiento del tumor dentro de otros tejidos u órganos, el tipo de células cancerosas y el grado del tumor.
   (Referencia: Instituto Nacional del Cáncer; http://www.cancer.gov/espanol/tipos/necesita-saber/seno/page6)

3. Estadificación del cáncer: Algunos puntos claves de la estadificación del cáncer, según presenta el Instituto Nacional del Cáncer (http://www.cancer.gov/espanol/recursos/hojas-informativas/deteccion-diagnostico/estadificacion) son:
   a. La etapa o estadio describe la extensión o gravedad del cáncer que aqueja a una persona. El conocer la etapa de la enfermedad ayuda al médico a planear el tratamiento y a calcular el pronóstico de la persona.
   b. Los sistemas de estadificación han evolucionado con el tiempo y siguen cambiando conforme los científicos aprenden más sobre el cáncer.
   c. Exámenes físicos, estudios de imágenes, pruebas de laboratorio, informes de patología e informes de cirugía proporcionan información para determinar la etapa del cáncer.

4. Márgenes: Los márgenes quirúrgicos se refieren al tejido normal circundante al tumor o la masa cancerosa removida. Si se encuentran células cancerosas en cualquier de los bordes del fragmento de tejido extirpado, se dice que tiene márgenes positivos. Cuando no se encuentran células cancerosas en los bordes de

tejido, se dice que los márgenes son negativos o claros (Referencia: Sociedad Americana del Cáncer; http://www.cancer.org/espanol/cancer/cancerdeseno/guiadetallada/cancer-de-seno-tratamiento-cirugia).

5. Mastectomía: Término médico para la remoción de uno o ambos senos de manera parcial o completa. (Referencia: Wikipedia, La enciclopedia libre; http://es.wikipedia.org/wiki/Mastectom%C3%ADa)

6. Metástasis: Diseminación del cáncer de una parte del cuerpo a otra. Un tumor formado por células que se han diseminado se llama «tumor metastásico» o «metástasis.» El tumor metastásico contiene células que son como aquellas del tumor original (primario).
   (Referencia: Instituto Nacional del Cáncer; http://www.cancer.gov/common/popUps/popDefinition.aspx?id=CDR0000046710&version=Patient&language=Spanish)

7. Biopsia de ganglio linfático centinela: Una biopsia de ganglio linfático centinela (sentinel lymph node biopsy, SLNB) es un procedimiento en el que se identifica, se extirpa y se examina el ganglio linfático centinela para determinar si hay células cancerosas presentes. Se puede usarse para ayudar a determinar la extensión o el estadio del cáncer en el cuerpo. Un ganglio linfático centinela es el primer ganglio linfático, o los primeros ganglios linfáticos, a donde es más probable que se diseminen las células cancerosas desde un tumor primario. Un resultado negativo de dicha biopsia sugiere que el cáncer no ha adquirido la capacidad para diseminarse a los ganglios linfáticos cercanos o a otros órganos. Por otro lado, un resultado positivo de la biopsia indica que el cáncer está presente en el ganglio linfático centinela y que podría encontrarse en otros ganglios linfáticos cercanos (llamados ganglios linfáticos regionales) y, posiblemente, en otros órganos. Esta información puede ayudar al médico a determinar el estadio del cáncer (la extensión de la enfermedad en el cuerpo) y a formular un plan adecuado de tratamiento. (Referencia: Instituto Nacional del Cáncer; http://www.cancer.gov/espanol/recursos/hojas-informativas/deteccion-diagnostico/biopsia-ganglio-centinela)

8. Tomografía computarizada (TC): Los médicos a veces usan tomografías computarizadas para ver si el cáncer de seno se ha diseminado al hígado o a los pulmones. Un equipo de rayos X conectado a una computadora toma una serie de imágenes de su pecho o de su abdomen. Pueden inyectarle material de contraste en un vaso sanguíneo del brazo o de la mano. El material de contraste hace que sea más fácil ver las zonas anormales. (Referencia: Instituto Nacional del Cáncer; http://www.cancer.gov/espanol/tipos/necesita-saber/seno/page7)

9. MRIs: La resonancia magnética (MRI por sus siglas en inglés) es una técnica donde usa un magneto potente conectado a una computadora. Produce imágenes

detalladas de tejido del seno. Estas imágenes pueden mostrar la diferencia entre el tejido normal y el tejido enfermo. (Referencia: Instituto Nacional del Cáncer; http://www.cancer.gov/espanol/tipos/necesita-saber/seno/page6#c)

10. Gammagrafía ósea: El médico inyecta una pequeña cantidad de sustancia radiactiva en un vaso sanguíneo. Esta sustancia viaja por el torrente sanguíneo y se acumula en los huesos. Una máquina llamada escáner detecta y mide la radiación. El escáner crea imágenes de los huesos. Las imágenes pueden mostrar el cáncer que se ha diseminado a los huesos. (Referencia: Instituto Nacional del Cáncer; http://www.cancer.gov/espanol/tipos/necesita-saber/seno/page7)

11. Pruebas genéticas de BRCA1 y BRCA2: Ciertas alteraciones genéticas: Los cambios en ciertos genes, como BRCA1 o BRCA2, aumentan considerablemente el riesgo de cáncer de seno. En las familias en las que muchas mujeres han tenido la enfermedad, las pruebas pueden mostrar algunas veces la presencia de cambios genéticos específicos, poco comunes. Los proveedores médicos pueden sugerir formas para tratar de reducir el riesgo de cáncer de seno o para mejorar la detección de esta enfermedad en mujeres que tienen estas mutaciones en sus genes. Además, los investigadores han descubierto regiones específicas en ciertos cromosomas que están asociadas con el riesgo de padecer cáncer de seno. Si una mujer tiene una mutación genética en una o varias de estas regiones, el riesgo de cáncer de seno podría aumentar levemente. El riesgo aumenta de acuerdo al número de mutaciones genéticas identificadas. Aunque estas mutaciones genéticas son más comunes en mujeres que las mutaciones BRCA1 o BRCA2, el riesgo de padecer cáncer de seno es mucho menor. (Referencia: Instituto Nacional del Cáncer; http://www.cancer.gov/espanol/tipos/necesita-saber/seno/page4)

12. Volar chiringas – Frase usada en Puerto Rico para referirse comúnmente a volar cometas.

Las cirugías

1. Expansores de tejido mamario: También se conocen como extensores de tejido, o expansores tisulares. El expansor es una bolsa hecha de silicona, similar a un globo. El cirujano plástico coloca el expansor bajo el músculo del pecho. El expansor tiene una válvula que permite llenarse con solución salina a través de una aguja. A lo largo de las semanas y los meses, se inyecta una cantidad determinada de agua salina a la bolsa, a través de la piel, para ir estirando lentamente el músculo y la piel. Este proceso hace un bolsillo o cavidad para colocar el implante más adelante. (Referencia: Instituto Nacional del Cáncer; http://www.cancer.gov/cancertopics/treatment/breast/surgerychoices.pdf - traducido al español)

NOTAS

La quimio comienza

1. Quimioterapia: La quimioterapia es el uso de medicamentos (fármacos) para destruir las células cancerosas. Estas células cancerosas crecen y se dividen rápidamente. La quimioterapia para o demora el crecimiento de las células cancerosas; pero también puede afectar las células sanas que crecen y se dividen rápidamente. Entre ellas se encuentran, por ejemplo: las células de la sangre, las células en las raíces del pelo, las células que revisten el tubo digestivo, las células de las partes húmedas dentro de la boca, nariz y vagina, las células de los intestinos, y las uñas. Muchas veces los efectos secundarios mejoran o desaparecen después de terminar la quimioterapia. (Referencia: http://www.cancer.gov/espanol/cancer/quimioterapia-y-usted/page2)

2. Clegg, H., y Miletello, G. (2006). Eating Well Through Cancer: Easy Recipes & Recommendations During & After Treatment. Nashville: Favorite Recipes Press.

3. Spurgeon, C. H. Morning and Evening: Daily Readings. Grand Rapids, MI: Christian Classics Ethereal Library

Una fuente de inspiración

1. Oram, H., y Kitamura, S. (1995). Alex quiere un dinosaurio. México: Fondo de Cultura Económica.

Manejando la neutropenia

1. neuropatía periférica - Problema nervioso que produce dolor, adormecimiento, cosquilleo, hinchazón y debilidad muscular en distintas partes del cuerpo. Por lo general, comienza en las manos o los pies, y empeora con el paso del tiempo. La neuropatía periférica puede ser causada por lesiones físicas, infección, sustancias tóxicas, enfermedades (como cáncer, diabetes, insuficiencia renal o desnutrición) o por medicamentos, tales como los fármacos anticancerosos. [Referencia: Instituto Nacional del Cáncer; http://www.cancer.gov/diccionario?CdrID=44705]

En la mayoría de los casos, estos síntomas desaparecen luego del tratamiento, pero en algunos casos pueden durar mucho tiempo.

Manejando la incertidumbre

1. Terapia adyuvante: Tratamiento adicional para el cáncer que se administra después del tratamiento primario para disminuir el riesgo de que el cáncer vuelva. La terapia adyuvante puede incluir quimioterapia, radioterapia, terapia con hormonas, terapia dirigida o terapia biológica. (Reference: Instituto Nacional del Cáncer; http://www.cancer.gov/diccionario?CdrID=45587)

La terapia adyuvante para el cáncer de seno es cualquier tratamiento que se administra después de la terapia principal para aumentar la posibilidad de una supervivencia prolongada. Los pacientes que tienen un riesgo mayor de recurrencia de cáncer de seno tienen más probabilidad de necesitar terapia adyuvante. Los médicos examinan los factores de predicción y de pronóstico para determinar cuáles pacientes pueden beneficiarse de tratamientos adyuvantes. Aunque el cáncer de seno esté en una etapa inicial, las células pueden desprenderse del tumor primario y diseminarse a otras partes del cuerpo. Por esta razón, los médicos administran terapia adyuvante para destruir células cancerosas que pueden haberse diseminado, aunque no puedan ser detectadas por exploración con imágenes o por pruebas de laboratorio. (Referencia: Instituto Nacional del Cáncer; http://www.cancer.gov/espanol/recursos/hojas-informativas/tratamiento/seno-terapia-adyuvante)

Manejando la apariencia
1. Expansores de tejido mamario: También se conocen como extensores de tejido, o expansores tisulares. El expansor es una bolsa hecha de silicona, similar a un globo. El cirujano plástico coloca el expansor bajo el músculo del pecho. El expansor tiene una válvula que permite llenarse con solución salina a través de una aguja. A lo largo de las semanas y los meses, se inyecta una cantidad determinada de agua salina a la bolsa, a través de la piel, para ir estirando lentamente el músculo y la piel. Este proceso hace un bolsillo o cavidad para colocar el implante más adelante. (Referencia: Instituto Nacional del Cáncer; http://www.cancer.gov/cancertopics/treatment/breast/surgerychoices.pdf - traducido al español)

Manejando las sobras
1. Quimiocerebro: otro posible efecto secundario de la quimio se conoce en inglés como «chemo brain». Muchas mujeres que reciben tratamiento contra el cáncer de seno reportan una leve disminución en el funcionamiento mental. Puede que se presenten algunos problemas de concentración y de memoria que duran por mucho tiempo. A pesar de esto, la mayoría de las mujeres funcionan bien después del tratamiento. En los estudios que se ha encontrado que el quimiocerebro es un efecto secundario del tratamiento, la mayoría de los síntomas a menudo desaparecen después de algunos años. (Referencia: Sociedad Americana del Cáncer; http://www.cancer.org/espanol/cancer/cancerdeseno/guiadetallada/cancer-de-seno-tratamiento-quimioterapia)
2. Linfedema: El linfedema es la acumulación de líquido en los tejidos blandos del cuerpo cuando el sistema linfático está dañado o bloqueado. El linfedema se

presenta cuando el sistema linfático está dañado o bloqueado. El líquido se acumula en los tejidos blandos del cuerpo y causa hinchazón. Se trata de un problema habitual que se puede deber al cáncer o al tratamiento de cáncer. Por lo general, el linfedema afecta un brazo o una pierna. El sistema linfático se puede dañar o bloquear por una infección, una lesión, cáncer, extracción de los ganglios linfáticos, radiación dirigida al área afectada o por cicatrices en el tejido por la radioterapia o la cirugía. (Referencia: Instituto Nacional del Cáncer; http://www.cancer.gov/espanol/pdq/cuidados-medicos-apoyo/linfedema/Patient)

Una nueva canción
1. Salmos 40, RVR 1995:
   [1] Pacientemente esperé a Jehová, y se inclinó a mí y oyó mi clamor,
   [2] y me hizo sacar del pozo de la desesperación, del lodo cenagoso; puso mis pies sobre peña y enderezó mis pasos.
   [3] Puso luego en mi boca cántico nuevo, alabanza a nuestro Dios.
   Verán esto muchos, y temerán, y confiarán en Jehová.
   [4] ¡Bienaventurado el hombre que puso en Jehová su confianza y no mira a los soberbios ni a los que se desvían tras la mentira!
   [5] Has aumentado, Jehová, Dios mío, tus maravillas y tus pensamientos para con nosotros. No es posible contarlos ante ti. Aunque yo los anunciara y hablara de ellos, no podrían ser enumerados.
   [6] Sacrificio y ofrenda no te agradan; has abierto mis oídos; holocausto y expiación no has demandado.
   [7] Entonces dije: «He aquí, vengo; en el rollo del libro está escrito de mí;
   [8] el hacer tu voluntad, Dios mío, me ha agradado, y tu Ley está en medio de mi corazón.»
   [9] He anunciado justicia en la gran congregación; he aquí, no refrené mis labios, Jehová, tú lo sabes.
   [10] No encubrí tu justicia dentro de mi corazón; he publicado tu fidelidad y tu salvación; no oculté tu misericordia y tu verdad en la gran congregación.
   [11] Jehová, no apartes de mí tu misericordia; tu misericordia y tu verdad me guarden siempre,
   [12] porque me han rodeado males sin número; me han alcanzado mis maldades y no puedo levantar la vista. Se han aumentado más que los cabellos de mi cabeza y mi corazón me falla.
   [13] Quieras, Jehová, librarme; Jehová, apresúrate a socorrerme.
   [14] Sean avergonzados y confundidos a una los que buscan mi vida para destruirla. Vuelvan atrás y avergüéncense los que mi mal desean.
   [15] Sean asolados en pago de su afrenta los que se burlan de mí.

[16] Gócense y alégrense en ti todos los que te buscan, y digan siempre los que aman tu salvación: «¡Jehová sea enaltecido!»

[17] Aunque yo esté afligido y necesitado, Jehová pensará en mí. Mi ayuda y mi libertador eres tú. ¡Dios mío, no te tardes!